Isúh Áníi: Dátł'ìshí Ts'ìká áa Guunijà

As Grandmother Said: The Narratives of Bessie Meguinis

FIRST NATIONS LANGUAGE READERS

TSUUT'INA

Isúh Áníi: Dátł'ìshí Ts'ìká áa Guunijà

As Grandmother Said: The Narratives of Bessie Meguinis

As Narrated by
Dátł'ìshí Ts'ìká Bessie Meguinis and Ninàghá Tsitł'á Willie Little Bear

Transcribed, translated, and edited by Dit'óní Didlíshí Bruce Starlight and Christopher Cox

Retold by Dit'óní Didlíshí Bruce Starlight

Illustrated by Treasa Starlight

Copyright © 2024 Bruce Starlight

All rights reserved. No part of this work covered by the copyrights hereon may be reproduced or used in any form or by any means – graphic, electronic, or mechanical – without the prior written permission of the publisher. Any request for photocopying, recording, taping or placement in information storage and retrieval systems of any sort shall be directed in writing to Access Copyright.

Printed and bound in Canada. The text of this book is printed on 100% post-consumer recycled paper with earth-friendly vegetable-based inks.

Cover and text design: Duncan Campbell, University of Regina Press
Copy Editor: Donna Grant
Cover art: "North American Beaver (*Castor canadensis*) eating," by Frank Fichtmüller / AdobeStock
Interior illustrations: Treasa Starlight

Library and Archives Canada Cataloguing in Publication

TITLE: Isúh áníi : Dátł'ìshí Ts'ìká áa guunijà = As Grandmother said : the narratives of Bessie Meguinis / as narrated by Dátł'ishí Ts'ìká Bessie Meguinis and Nìnàghá Tsitł'á Willie Little Bear ; retold by Dit'óní Didlíshí Bruce Starlight; transcribed, translated, and edited by Dit'óní Didlíshí Bruce Starlight and Christopher Cox ; illustrated by Treasa Starlight.
OTHER TITLES: As Grandmother said : the narratives of Bessie Meguinis
NAMES: Starlight, Bruce, 1947- author, transcriber, translator, editor. | Meguinis, Dátł'ìshí Ts'ìká Bessie, author. | Little Bear, Nìnàghá Tsitł'á Willie, author. | Cox, Christopher, 1982- transcriber, translator, editor. | Container of (work): Starlight, Bruce, 1947- Isúh áníi. | Container of (expression): Starlight, Bruce, 1947- Isúh áníi. English.
SERIES: First Nations language readers.
DESCRIPTION: Series statement: First Nations language readers ; 8 | Text in original Tsuut'ina and in English translation. Supplementary material in English.
IDENTIFIERS: Canadiana (print) 20230581889 | Canadiana (ebook) 20230581978 | ISBN 9780889779884 (hardcover) | ISBN 9780889779853 (softcover) | ISBN 9780889779860 (PDF) | ISBN 9780889779877 (EPUB)
SUBJECTS: CSH: Tsuut'ina language – Texts. | CSH: Tsuut'ina – History. | CSH: Tsuut'ina – Social life and customs.
CLASSIFICATION: LCC PM2275.Z77 S73 2024 | DDC 497/.2 – dc23

10 9 8 7 6 5 4 3 2 1

University of Regina Press, University of Regina
Regina, Saskatchewan, Canada, S4S 0A2
tel: (306) 585-4758 fax: (306) 585-4699
web: www.uofrpress.ca

We acknowledge the support of the Canada Council for the Arts for our publishing program. We acknowledge the financial support of the Government of Canada. / Nous reconnaissons l'appui financier du gouvernement du Canada. This publication was made possible through Creative Saskatchewan's Creative Industries Production Grant Program.

CONTENTS

Foreword — xi
Introduction — xiii
Acknowledgments — xxi

1. Diyí Ts'ínìsk'a Ninátsʼinìstłʼúní K'àsì –
Xàlítsa-tsii ùwà Táskʼòyí-tsii
*How the Earth Was Created –
The Old Man and the Muskrat* — 1

2. Tsúutʼínà Áschʼáyídátłʼí K'àsì –
Tú-chu Nóghàtsʼádìłí Ìsíla
*How the Tsuutʼina Separated –
Crossing the Lake* — 15

3. Xaní-tii Tú-chu
Buffalo Lake — 29

4. Tsúutʼínà Áschʼáyídátłʼí K'àsì –
Tłíchʼá Dósa Ítłítsʼíyíídátłʼí (Tłìkʼí)
*How the Tsuutʼina Separated –
The War Over a Dog (Part One)* — 37

Tsúut'ínà Ásch'áyídátł'í K'àsì –
Tłích'á Dósa Ítłíts'íyíídátł'í (Akíyí)
*How the Tsuut'ina Separated –
The War Over a Dog (Part Two)* — 46

5. Ninàghá Tsitł'á:
Ts'ìká Wúnit'ósì Guminánìstití (Tłìk'í)
*Willie Little Bear:
The Woman Who Went Back North (Part One)* — 53

Ninàghá Tsitł'á:
Ts'ìká Wúnit'ósì Guminánìstití (Akíyí)
*Willie Little Bear:
The Woman Who Went Back North (Part Two)* — 60

6. Tsúut'ínà Goòjí Tonídátł'í K'àsì
How the Tsuut'ina Met the Blackfoot — 71

7. Tsúut'ínà Dìtł'ìshà
Tsuut'ina Societies — 79

8. Tsúut'ínà Kùwa-gutii
Oghàtł'o?í K'àsì
*How the Tsuut'ina
Came to Have the Teepee* — 101

9. Tsúut'ínà Túwúł
Oghàtł'o?í K'àsì
*How the Tsuut'ina
Came to Have the Beaver Bundle* — 115

Tsuut'ina-English Glossary — 135

Foreword

It is always an honour to introduce a new volume into our First Nations Language Readers and to see our series grow. This time, I am grateful to a number of individuals and the support of the entire Tsuut'ina Nation in Alberta for making this collection of stories available and expanding our series in several important ways. As the eighth volume in our series, it is the first book presenting stories from the Dene language family and I sincerely hope it inspires many more such collections from this large and diverse language family, covering as it does so much territory in northwestern Canada and into Alaska as well as areas along the Pacific Coast and in the American Southwest.

In addition to the importance of our first Dene language volume, this is an exceptionally vital collection from the highly endangered Tsuut'ina language, and I wish to thank and pay tribute to Dr. Bruce Starlight for his dedication to his language. In bringing his relatives' stories to a wider audience, he is first and foremost providing essential materials for the revitalization of Tsuut'ina to a community with far too few fluent speakers remaining. The use of these stories in language teaching is best demonstrated in the inclusion of a long-standing feature of linguistic analysis new to our series, the word-by-word (or morpheme-by-morpheme) gloss. Facilitated in part by Bruce's colleague, Dr. Christopher Cox, this teaching tool is included for each text, following the Tsuut'ina text with facing English translation, to provide a breakdown of the vocabulary in use, which is also accessible in the Tsuut'ina-English glossary at the end of the book. Taken all together, it is my hope that this book will be one small yet crucial piece in the multifaceted approach required in the Tsuut'ina's efforts to retain and revitalize their beautiful language.

Arok Wolvengrey
Zask'a Ch'át'ághà
"During the Snow Month," December

Introduction

About the Narrators

This collection brings together nine traditional narratives representing a selection of the teachings of *Dátł'ìshí Ts'ìká* Bessie Meguinis (1883–1987) and her son, *Nìnàghá Tsitł'á* Willie Little Bear (1912–1989), as retold by their grandson and nephew *Dit'óní Didlíshí* Bruce Starlight.

Elizabeth (Bessie) Meguinis was born in November 1883 and lived at Tsuut'ina Nation all her life until her passing in 1987 at the age of 103. Because Bessie was a devout Anglican who also continued to follow traditional Tsuut'ina ways, her mother's family gave her the Tsuut'ina name *Dátł'ìshí Ts'ìká* 'Book Woman' to reflect her frequent reading of the Bible. With her first husband, *Nìnàghá Tsitł'á* James Little Bear (also named *Ts'oósí Nìsgonà*), Bessie had three children—Amy, Emily, and *Nìnàghá Tsitł'á* William James (Willie) Little Bear. After her first husband's untimely death due to tuberculosis, she married *Mííguunìsh* Pat Grasshopper Jr. in 1913 and raised another three children—*Nàtł'òdaghá Chák'aá* Phillip, *Dzinis Ts'ìká* Mary Jane, and *Tłí Ts'ootsaà* Sarah.

Introduction

Widely recognized as a matriarch of the Tsuut'ina Nation, Bessie Meguinis was known for taking care of many people at Tsuut'ina when they were ill. This was the case with her grandson, Bruce Starlight, with whom she spent much time as he recovered from tuberculosis in his early childhood. As *Dzinis Ts'ìká* Mary Jane (Meguinis) Starlight (1921–2011) recounted in an interview with Bruce Starlight and Gary Donovan on December 14, 1993, although doctors and police pressured both her and her husband to send their son to the Charles Camsell Hospital in Edmonton for treatment, they insisted that he remain at home:

> Ut'i (...): "Diìtà-háa," naàsts'ini, "nuwi
> Nás?ághá-Chu ts'ì."
> "We are going to take him over there," they told us,
> "to Edmonton."
>
> Ut'i nitò guch'oóni.
> And your dad refused.
>
> "No?," ìsni. "Dúdastà-háa. Moghàyisno-?áa."
> "No," he said. "You are not going to take him. I am
> going to take care of him."
>
> "Mich'oódíní-dà, màgúdìlo?í, tłat'a nìsgàká xaná-háa.
> "If you refused (to have him taken there because) he is
> sick, that is what is going to happen to all of your
> (other) children.
>
> "Gidikus gwáginá-háa.
> "They are going to start to cough (i.e., contract
> tuberculosis).
>
> "Nahíní jú, móó ùwà mitò.
> "You both, as well, his mother and father.

Introduction

"Ùwat'iyi, ùwa it'iyi guts'i ts'ìdoná tsitł'á ìsnàguwá-
ná oghàyidì?ò-háa," naàsts'ini.
"And then from there he is going to give it to all of the
little children that he plays with," they told us.

Ìgùłí, nitò guminìstid.
Nevertheless, your father persevered.

"Dúsízá dastà-háa. Moghàyisno?-áa."
"You are not going to take my son. I am going to take
care of him."

Ut'i dúnánaagiyístà.
And so they didn't give us a hard time (about it) again.

Ut'i guminìsiìtid.
We persevered.

Dzinis Ts'ìká Mary Jane (Meguinis)
Starlight; SRC-SD-0291, 3m23–4m24

It was in their subsequent visits during Bruce's long convalescence at home and the time that they would spend together in the years that followed that Bessie Meguinis would reinforce these teachings, making sure that her grandson would sit and listen carefully as she told stories such as these. As she would not allow audio recordings to be made of her voice later in life, all of the narratives in this collection have been retold in Tsuut'ina by Bruce Starlight, reflecting how he first heard them from Bessie Meguinis and Willie Little Bear.

The nine narratives included in this volume cover considerable ground, ranging from the creation of the world in the caring hands of *Xàlítsa-tsii* and his animal helpers; to accounts of separation, migration, and cross-cultural contact that mark major turning points in Tsuut'ina history; to important cultural and ceremonial items and practices that the Tsuut'ina Nation maintains to this day. As this is the first publication in the Tsuut'ina language in over a century, it is hoped that these stories will be of lasting value to Tsuut'ina language learners and teachers, and that they will play a part in sharing the legacy of Elders such as Bessie Meguinis and Willie Little Bear with generations of Tsuut'ina to come.

Editorial Notes
The narratives in this collection were first recorded by the editors in November 2011, with Bruce Starlight retelling all of the stories included here. It was not until late 2017, however, that plans for this volume began to form, with work on transcribing, translating, and editing these narratives taking place amidst other projects over the next three years. The onset of the COVID-19 pandemic in the spring of 2020 resulted in most work towards this volume being placed on hold until early 2022, when, with the support of Tsuut'ina Nation, the final editorial work was able to be completed.

In preparing this volume, the spontaneous narrations recorded in 2011 underwent several rounds of editing. After their initial transcription and translation was completed, the narratives were revised to remove hesitation, false starts, and partial sentences, while also substituting the more casual, everyday pronunciations of Tsuut'ina words occasionally found in the spontaneous retellings with their corresponding carefully spoken forms for the benefit of readers. Through this process, instances in which the original recordings contained shortened words (such as **ut'i**, from **ùwat'iyi** "and then") or where the assimilation of sounds between adjacent words made the boundaries between them less apparent (as in **niniʔó-há-ákóót'ín-áa**, from **niniʔó-hí ákó át'íní át'a** "he is going to try to fool you"; line 305) were gradually expanded to show their full, non-contracted equivalents.

After these revisions were completed, later rounds of editing concentrated on ensuring that all important events and details were present in the expected order in each narrative. Frequently, this involved the addition of information that had not been included in earlier recordings of the narratives. For example, in "How the Tsuut'ina Came to Have the Beaver Bundle" (#9), the arrival of the Thunderbirds was marked not only by the presence of a small cloud hovering above the Tsuut'ina moose hunter (line 275), but also by a rumbling sound (line 276). The latter detail was noted to be missing during one of the final reviews of the text and was inserted in the version of that narrative included here. The combined result of these revisions are seen in the narratives presented in this volume, which aim to be faithful to the way in which these stories were told by Bessie Meguinis and Willie Little Bear, while remaining accessible to Tsuut'ina language learners and teachers.

Linguistic Notes

The Tsuut'ina text in this collection has been written in the spelling system that is generally used in current language education and revitalization programs, resource materials, and other public functions at Tsuut'ina Nation. At the time of writing, this orthography recognizes thirty distinct consonants, as summarized in the following table.

		Bilabial	Alveolar	Lateral alveolar	Palatal	Velar	Glottal
Stop	unaspirated	(b)	d			g	
	aspirated		t			k	
	ejective		t'			k'	ʔ
Affricate	unaspirated		dz	dl	j		
	aspirated		ts	tł	ch		
	ejective		ts'	tł'	ch'		
Fricative	voiceless		s	ł	sh	x	h
	voiced		z		zh	gh	
Nasal		m	n				
Approximant		w			l	y	w

Introduction

This orthography represents four distinct vowels in Tsuut'ina, as well. Each of these vowels may be short (written with a single character) or long (written with two identical characters). All of these vowels are listed below, together with their equivalents in the International Phonetic Alphabet.

	Short			Long		
	Front	Central	Back	Front	Central	Back
Close	i [ɪ]		u [ʊ]	ii [ɪː]		uu [ʊː]
Mid			o [ɔ]			oo [ɔː]
Open	a [a]				aa [aː]	

This spelling system also reflects the observation that Tsuut'ina is a tonal language, using pitch to distinguish between different words and their meanings. For example, the word **mitò** "his/her/its father" (line 148), where the pitch of the speaker's voice is lower at the end of the word than at the start, can be recognized on the basis of its tone as being a different word from **mito** "among it," where the pitch of the speaker's voice stays at the same level from start to finish.

The current Tsuut'ina orthography represents three distinctive pitch levels, or tones: (1) high tone, which is represented by an acute accent written above the vowel (v́); (2) mid tone, which is represented either by a macron written above the vowel or by no diacritic at all (v̄ / v); and (3) low tone, which is represented by a grave accent written above the vowel (v̀). While short vowels only have level high, mid, or low tones, where the pitch level remains essentially the same throughout the pronunciation of the vowel, long vowels also appear with rising and falling tone contours:

		Short	Long
	high	tsá 'mountain'	sáátòn 'it is with me'
Level	mid	xaʔí 'this is how'	aakù 'enough'
	low	michà 'its tail'	chàà 'no'
Rising	mid to high	(n/a)	naání 'we, us'
Falling	high to mid	(n/a)	idáagù 'never mind'
	mid to low		gimìsdaànìsh 'we call them'

This volume adopts these spelling conventions for all of the Tsuut'ina text included in this collection, aiming to represent all consonants, vowels, lengths, and tones found in recordings of these stories as accurately as possible within this system. At the same time, it should be noted that research into Tsuut'ina sounds is ongoing, and that this spelling system remains open to further elaboration at Tsuut'ina Nation (e.g., to represent any additional distinctive pitch levels, vowel lengths, or consonants that may be identified; and/or to further standardize the use of punctuation and capitalization in Tsuut'ina writing).

All of the text included in this collection reflects the pronunciations of Bruce Starlight as a speaker of the Big Plume dialect of Tsuut'ina. Speakers of the Big Crow and Crowchief dialects may have different pronunciations of some words found in this volume; these differences should be honoured and respected, as well.

Format

Each of the nine narratives in this collection is introduced below in its own section, opening with its Tsuut'ina title, an English translation, and an accompanying illustration. The text of the narrative that immediately follows is given twice. First, the narrative is shown entirely in Tsuut'ina, with English free translations appearing on facing pages. This presentation is then followed by a more detailed, line-by-line interpretation of the same narrative, which includes literal English translations of each Tsuut'ina word. Each line in the detailed analyses is numbered sequentially throughout the collection, providing one way of quickly referring to the points at which specific episodes and expressions appear in the narratives.

Including two styles of presentation for each narrative – one in which the text appears as a whole, and another in which the contents of each line are explored in greater detail – is intended to support a range of uses of these texts in Tsuut'ina language learning and teaching. In some contexts, it may be useful to concentrate on the Tsuut'ina text with few or no accompanying English translations (e.g., when learning tasks involve identifying Tsuut'ina sounds, words, or other patterns or constructions). In other cases, a more detailed, bilingual presentation of the same text may be more appropriate, helping draw attention to the meanings of Tsuut'ina expressions as they are understood by fluent, first-language speakers. It is hoped that these two complementary presentations of each narrative will better enable this collection to serve as a multi-purpose resource for Tsuut'ina language instruction and revitalization.

Following the narratives is a Tsuut'ina-English glossary, which summarizes the Tsuut'ina vocabulary items that appear in the narratives, their matching literal English translations, and a selection of line numbers on which instances of each item are located. Further information about the format of the glossary can be found in the introduction to that section.

Acknowledgments

This collection would not have been possible without the contributions of Bessie Meguinis and Willie Little Bear, whose stories are retold here. While recognizing that this collection represents only a small fraction of the cultural and linguistic knowledge that they imparted to others during their lifetimes, we hope that this collection contributes to acknowledging the importance of their teachings and helps to ensure that those teachings continue to be shared with future generations of Tsuut'ina.

The development of this collection has been supported by the Tsuut'ina Nation through the Office of the Tsuut'ina Language Commissioner, the Tsuut'ina Gunaha Institute, and the contributions of many Tsuut'ina citizens. We recognize the contributions of Janelle Crane-Starlight, Executive Director of Language and Culture at Tsuut'ina Nation; and Hanna Big Crow, Director of the Tsuut'ina Gunaha Institute, and their support for the long-term work involved in producing a volume such as this. The late Doris (Starlight) Roan generously provided assistance with initial interpretation of several of the recordings of these narratives made in 2011, while Treasa Starlight and Emil Starlight each produced illustrations to preface the narratives in this collection, providing striking depictions of key elements of each story. We also gratefully acknowledge the efforts of the Language and Culture Committee at Tsuut'ina Nation, including Elders Alex Crowchild, Charles Crowchild, Frances Crowchild Jensen, Gerald Meguinis, Keitha Manyhorses, and Bernice Starlight, who contributed a final review of these narratives, helping to ensure that no details were omitted and that the linguistic and cultural information contained within these stories reflect the understandings of the wider Tsuut'ina Nation. *Dànaayasgádzí-tii.*

Outside of the Tsuut'ina Nation, further support for this project was provided by the Computer Research Institute of Montreal (CRIM), who contributed both financial and technical assistance in recording, annotating, and editing earlier versions of this collection with funding from the National Research Council of Canada (NRC). Both Carleton University and CKCU-FM, a radio station in Ottawa, offered additional technical and logistical support for this work, particularly in its earliest stages. We are grateful to many colleagues at these institutions, including Gilles Boulianne (CRIM), Matthew Crosier, Dylan Hunter (CKCU-FM), Marie-Odile Junker (Carleton University), Roland Kuhn (NRC), and Tracey Wright (Carleton University). We also acknowledge the invaluable contributions of Arok Wolvengrey (First Nations University of Canada), editor of the First Nations Language Readers series, and staff at University of Regina Press, including Duncan Campbell, Karen Clark, Elsa Johnston, Shannon Parr, and Rachel Stapleton, whose expertise, collegiality, and patience throughout the long development of this volume have made this publication possible.

Isúh Áníi: Dátł'ìshí Ts'ìká áa Guunijà

● ● ● ● ● ● ● ● ● ● ● ● ● ● ● ●

As Grandmother Said:
The Narratives of Bessie Meguinis

1.

Diyí Ts'ínìsk'a Nináts'inìstł'úní K'àsì – Xàlítsa-tsii ùwà Tásk'òyí-tsii

• • • • • • • • • • • • • • •

How the Earth Was Created – The Old Man and the Muskrat

1.

Diyí Ts'ínìsk'a Nináts'inìstł'úní K'àsì – Xàlítsa-tsii ùwà Tásk'òyí-tsii

Daát'íyí guuniizh ii, tłàdá Goòjí guts'i át'a, iyí dìtł'ìshí ádáátòní, Goòjí ìsíla ástonaàdál-gù.
    Ùwat'iyi Xàlítsa, mìsíla tú águjàg-la, áchágúdìschóní dósa. Ùwat'iyi ách'á tógha tànàkàsí nànìstł'ún-la. Ùwat'iyi tłák'áʔìitishí ii mits'ì átłák'àdàyímín-la.
    Ùwat'iyi ch'át'ághá ii kanádìits'id-la. Ùwat'iyi tłík'áʔìitishí mik'a tadàdìsts'ií ii tsìsdlìd-la. Ùwat'iyi xagùsní-la: "Iyí tú yìk'a, sóghá túyìk'ásmí," gùsní-la, "iyí ts'ínìsk'a gutł'ìs sóghá nádàsdlódí ákó-gù," gùsní-la. Ùwat'iyi ástsá gustiyà, Michà Dikòdí ásdiyíní-la. Ùwat'iyi túyìk'áyímín-la. Ùwat'iyi dújú kanádìmín-la.
    Ùwat'iyi diyí tłat'á gulógha ídìskàd-la, móghá túyìk'áts'imí-kù. Ùwat'iyi ánìsts'ì Tásk'òyí-tsii ásdiyíní-la. Ùwat'iyi: "Guminiitid. Níní zá águjàg," yìsní-la.
    "Ùwà ga," ìsní-la. Át'íyí Tásk'òyí-tsii túyìk'áyímín-la. Ùwat'iyi isdóójàgí ìsina, diyí mits'íto ii dúgústìsáa águjàg-la. Ìgùlí gutł'ìs tsitł'á ii mílótł'ága gúlín-la. Xìł niyízid-la. Ùwat'iyi tanámídìłòd-la, Xàlítsa-tsii ts'ì.

1.

How the Earth Was Created – The Old Man and the Muskrat

This story is from the Blackfoot – (one of) those that are related to the Holy Stories, from the time we mixed with the Blackfoot.
   Water covered everything (in a flood) for the Old Man because it was forever raining. And so it happened that he built a boat. All of the animals swam together to him.
   Then the sun came out again. He (the Old Man) asked the animals that were sitting on the boat for help. He said to them: "Dive under the water for me," he told them, "and try to grab some dirt from the bottom of the water for me," he told them. The very first one that he asked was the Beaver. And so he (the Beaver) swam to the bottom of the water, but never surfaced again.
   And so he asked all of them to swim to the bottom of the water for him. Last, he asked the Muskrat. "Persevere. You are the only one left," he told him.
   "All right, then," he said. And so the Muskrat swam to the bottom of the water. He must have become exhausted, and his body became weak. Even so, there was a little dirt on the palm of his paw, and he lost consciousness. He floated back up to the Old Man.

Ùwat'iyi diyí mílò ii k'izanànílό-la. Ùwat'iyi ách'á gutł'ìs tsitł'á diyí mílótł'ága gúlín-la. Ùwat'iyi át'íyí ii xádàyìsgiiz-la, Xàlítsa-tsií. Xàlítsa-tsii dìsjiní ìsíla díísh-gù yíníshùl-la. Tásk'òyí-tsii ts'ánánízid-la. Ùwat'iyi nádìsjin-la. Màs-gù áyis?ín-la, yíshùłí ìsíla. Ùwat'iyi ànàyíchòw-la. Ùwat'iyi tíyík'á móghá nichòw gwájàgí ìsíla, át'íyí its'óghá tiya yitł'áłí ii ásdiyíní-la. Mízì ách'igunisho. "Mimonitł'á, diyí dimòdzí," yìsní-la. "Ùwà nisúwá ùwà misúwá gughálàsì, at'iyi gugha ìdà zá ást'òxàshasnò-hí," yìsní-la.

Ùwat'iyi át'íyí its'óghá ii dìstł'ó-la. Ùwat'iyi mìsgàká gùsdlòtí ìlií, ga. Ùwat'iyi tàsitsón-la. Ùwat'iyi át'íyí mízá ii ìst'á. Ùwat'iyi tanásitsón it'iyi, mízá ii gughálàsì át'íyí ìst'á. Ùwat'iyi át'íyí ìst'á mízá ii tàsitsóní gugha, diyí ts'ínìsk'a k'anágudidzin-gù ánágùjàgí gugha, Xàlítsa aakùùsà gùsdiyíní-la. Ùwat'iyi yoghà yídínínìjí át'a. Ùwà tiya yitł'áłí ii k'àsì yoghà yídínínììzh-la, át'íyí its'óghá ii.

Xa?í mágunishó, isúh. Isúh, Dátł'ìshà Ts'ìká, áa guunijà.

Chapter 1

Then the Old Man opened the Muskrat's paws up. It just so happened that there was still a little bit of dirt in his paws. And so the Old Man scraped it off. As the Old Man began to sing, he blew on the Muskrat four times, and the Muskrat woke up again. He then started singing again and made the dirt into a ball while blowing on it. It got bigger and bigger. And once it had become too big for him to handle, he asked a fast-running bird – I don't know its name – "Run around this round ball of dirt," he told him. "Your grandchildren and their grandchildren in the future should only then stop running around it," he told him.

And so that bird started to run. His children were born, of course, and when he died, his child (took over) next. And when he died, too, then his child after him was the next one (to take over). And the next one, when his child died, when this earth had become whole again, the Old Man told them that it was enough. He then gave the bird a gift: he blessed that bird with the ability to run.

That is how I know it from my grandmother. It is my grandmother's story, Dátł'ìshà Ts'ìká *(Writing Woman, Bessie Meguinis).*

Isúh Áníi / As Grandmother Said

1. Diyí Ts'ínìsk'a Ninátsʼinìstłʼúní Kʼàsì – Xàlítsa-tsii ùwà Táskʼòyí-tsii

How the Earth Was Created – The Old Man and the Muskrat

1. Daátʼíyí guuniizh ii, tɬàdá Goòjí gutsʼi átʼa, iyí dìtɬʼìshí ádáátòní, Goòjí ìsíla ástonaàdál-gù.
   This story is from the Blackfoot–(one of) those that are related to the Holy Stories, from the time we mixed with the Blackfoot.

Daátʼíyí	guuniizh	ii,	tɬàdá	Goòjí	gutsʼi
This-precisely	stories	the-ones	some	Blackfoot	there-from

átʼa,	iyí	dìtɬʼìshí	ádáátòní,	Goòjí	ìsíla
it-is	that	holy-items	it-goes-along-with	Blackfoot	it-with

ástonaàdál-gù.
mixed-we-all-walked-at-that-time

2. Ùwatʼiyi Xàlítsa, mìsíla tú águjàg-la, áchágúdìschóní dósa.
   Water covered everything (in a flood) for the Old Man because it was forever raining.

Ùwatʼiyi	Xàlítsa,	mìsíla	tú	águjàg-la,
And-then	Old-Man	him-with	water	it-became-it-was

áchágúdìschóní	dósa.
continued-like-it-rained	because-of

3. Ùwatʼiyi áchʼá tógha tànàkàsí nànìstɬʼún-la.
   And so it happened that he built a boat.

Ùwatʼiyi	áchʼá	tógha	tànàkàsí	nànìstɬʼún-la.
And-then	it-just-so-happened	water-in	boat	he-made-it-was

4. Ùwat'iyi tłák'á?ììtishí ii mits'ì átłák'àdàyímín-la.
   All of the animals swam together to him.

Ùwat'iyi	tłák'á?ììtishí		ii	mits'ì
And-then	around-they-about-look-(animals)		the-ones	him-to

átłák'àdàyímín-la.
together-each-and-every-one-they-swam-it-was

---

5. Ùwat'iyi ch'át'ághá ii kanádììts'id-la.
   Then the sun came out again.

Ùwat'iyi	ch'át'ághá	ii	kanádììts'id-la.
And-then	sun	the-one	in-view-again-it-fell-(rose)-it-was

---

6. Ùwat'iyi tłík'á?ììtishí mik'a tadàdìsts'ií ii tsìsdlìd-la.
   He (the Old Man) asked the animals that were sitting on the boat for help.

Ùwat'iyi	tłík'á?ììtishí	mik'a
And-then	around-they-about-look-(animals)	it-on

tadàdìsts'ií	ii	tsìsdlìd-la.
up-on-each-and-every-one-all-are-sitting	the-ones	he-asked-for-help-it-was

---

7. Ùwat'iyi xagùsní-la: "Iyí tú yìk'a, sóghá túyìk'ásmí," gùsní-la,
   He said to them: "Dive under the water for me," he told them,

Ùwat'iyi	xagùsní-la:	"Iyí	tú	yìk'a,
And-then	this-is-how-them-to-he-said-it-was	That	water	under

sóghá	túyìk'ásmí,"	gùsní-la,
me-for	water-under-you-all-dive	them-to-he-said-it-was

8. "iyí ts'ínìsk'a gutł'ìs sóghá nádàsdlódí ákó-gù," gùsní-la.
   "and try to grab some dirt from the bottom of the water for me," he told them.

"iyí	ts'ínìsk'a	gutł'ìs	sóghá	nádàsdlódí	ákó-gù,"
that	ground	dirt	me-for	you-quickly-grab	for-in-order-to

gùsní-la.
them-to-he-said-it-was

9. Ùwat'iyi ástsá gustiyà, Michà Dikòdí ásdiyíní-la.
   The very first one that he asked was the Beaver.

Ùwat'iyi	ástsá	gustiyà,	Michà	Dikòdí	ásdiyíní-la.
And-then	first	just-then	Its-tail	It-is-wide-the-one	of-he-asked-it-was

10. Ùwat'iyi túyìk'áyímín-la.
    And so he (the Beaver) swam to the bottom of the water,

Ùwat'iyi	túyìk'áyímín-la.
And-then	water-under-he-swam-it-was

11. Ùwat'iyi dújú kanádìmín-la.
    but never surfaced again.

Ùwat'iyi	dújú	kanádìmín-la.
And-then	not-also	in-view-again-it-swam-it-was

12. Ùwat'iyi diyí tłat'á gulógha ídìskàd-la, móghá túyìk'áts'imí-kù.
    And so he asked all of them to swim to the bottom of the water for him.

Ùwat'iyi	diyí	tłat'á	gulógha	ídìskàd-la,	móghá
And-then	this	all	them-around	it-he-asked-it-was	him-for

túyìk'áts'imí-kù.
water-under-someone-will-swim-in-order-to

13. Ùwat'iyi ánìsts'ì Tásk'òyí-tsii ásdiyíní-la.
    Last, he asked the Muskrat.

Ùwat'iyi	ánìsts'ì	Tásk'òyí-tsii	ásdiyíní-la.
And-then	at-the-last	Muskrat-the	of-he-asked-it-was

14. Ùwat'iyi: "Guminiitid. Níní zá ágùjàg," yìsní-la.
    "Persevere. You are the only one left," he told him.

Ùwat'iyi:	"Guminiitid.	Níní	zá	ágùjàg,"
And-then	You-persevere	You	only	it-has-become

yìsní-la.
him-to-he-said-it-was

15. "Ùwà ga," ìsní-la.
    "All right, then," he said.

"Ùwà	ga,"	ìsní-la.
Now	well	he-said-it-was

16. Át'íyí Tásk'òyí-tsii túyìk'áyímín-la.
    And so the Muskrat swam to the bottom of the water.

Át'íyí	Tásk'òyí-tsii	túyìk'áyímín-la.
That-precisely	Muskrat-the	water-under-he-swam-it-was

17. Ùwat'iyi isdóójàgí ìsina, diyí mits'íto ii dúgústìsáa ágùjàg-la.
    He must have become exhausted, and his body became weak.

Ùwat'iyi	isdóójàgí	ìsina,	diyí	mits'íto
And-then	he-tired-became	it-must-have-been	this	his-body

ii	dúgústìsáa	ágùjàg-la.
the-one	not-firm-it-is	it-became-it-was

18. Ìgùłí gutł'ìs tsitł'á ii mílótł'ága gúlín-la.
    Even so, there was a little dirt on the palm of his paw,

Ìgùłí	gutł'ìs	tsitł'á	ii	mílótł'ága	gúlín-la.
Even-so	dirt	little	the-one	his-palm	there-is-it-was

19. Xìł niyízid-la.
    and he lost consciousness.

Xìł	niyízid-la.
Dizzy	he-state-of-became-it-was

20. Ùwat'iyi tanámídìłòd-la, Xàlítsa-tsií ts'ì.
    He floated back up to the Old Man.

Ùwat'iyi	tanámídìłòd-la,	Xàlítsa-tsií	ts'ì.
And-then	up-to-the-surface-again-he-floated-it-was	Old-Man-the	to

21. Ùwat'iyi diyí mílò ii k'izanànílό-la.
    Then the Old Man opened the Muskrat's paws up.

Ùwat'iyi	diyí	mílò	ii	k'izanànílό-la.
And-then	these	fingers	the-ones	aside-down-he-placed-it-was

22. Ùwat'iyi ách'á gutł'ìs tsitł'á diyí mílótł'ága gúlín-la.
    It just so happened that there was still a little bit of dirt in his paws.

Ùwat'iyi	ách'á	gutł'ìs	tsitł'á	diyí	mílótł'ága
And-then	it-just-so-happened	dirt	little	these	his-paws

gúlín-la.
there-is-it-was

Chapter 1

23. Ùwat'iyi át'íyí ii xádàyìsgiiz-la, Xàlítsa-tsií.
And so the Old Man scraped it off.

Ùwat'iyi	át'íyí	ii
And-then	that-precisely	the-one

xádàyìsgiiz-la,	Xàlítsa-tsií.
off-each-and-every-one-he-scraped-it-was	Old-Man-the

---

24. Xàlítsa-tsii dìsjiní ìsíla díísh-gù yíníshùl-la.
As the Old Man began to sing, he blew on the Muskrat four times,

Xàlítsa-tsii	dìsjiní	ìsíla	díísh-gù	yíníshùl-la.
Old-Man-the	he-started-to-sing	it-with	four-like	him-he-blew-on-it-was

---

25. Tásk'òyí-tsii ts'ánánízid-la.
and the Muskrat woke up again.

Tásk'òyí-tsii	ts'ánánízid-la.
Muskrat-the	up-again-he-awoke-it-was

---

26. Ùwat'iyi nádìsjin-la. Màs-gù áyis?ín-la, yíshùłí ìsíla.
He then started singing again and made the dirt into a ball while blowing on it.

Ùwat'iyi	nádìsjin-la.	Màs-gù	áyis?ín-la,
And-then	he-started-to-sing-again-it-was	circle-like	of-he-is-making-it-was

yíshùłí	ìsíla.
it-he-is-blowing-as	it-with

---

27. Ùwat'iyi ànàyíchòw-la.
It got bigger and bigger.

Ùwat'iyi	ànàyíchòw-la.
And-then	continued-to-become-big-it-was

28. Ùwat'iyi tíyík'á móghá nichòw gwájàgí ìsíla, át'íyí its'óghá tiya yitł'áłí ii ásdiyíní-la. Mízì ách'igunisho.
    And once it had become too big for him to handle, he asked a fast-running bird – I don't know its name –

Ùwat'iyi	tíyík'á	móghá	nichòw	gwájàgí	ìsíla,
And-then	too-much	him-for	it-is-big	like-it-became	it-with

át'íyí	its'óghá	tiya	yitł'áłí	ii
that-precisely	bird	very-much	it-is-running	the-one

ásdiyíní-la.	Mízì	ách'igunisho.
of-he-asked-it-was	Its-name	of-I-do-not-know

29. "Mimonitł'á, diyí dimòdzí," yìsní-la.
    "Run around this round ball of dirt," he told him.

"Mimonitł'á,	diyí	dimòdzí,"	yìsní-la.
It-around-you-run	this	it-is-round-the-one	him-to-he-said-it-was

30. "Ùwà nisúwá ùwà misúwá gughálásì, at'iyi gugha ìdà zá ást'òxàshasnò-hí," yìsní-la.
    "Your grandchildren and their grandchildren in the future should only then stop running around it," he told him.

"Ùwà	nisúwá	ùwà	misúwá	gughálásì,
Now	your-grandchild	and	his-grandchild	there-beyond

at'iyi	gugha	ìdà	zá	ást'òxàshasnò-hí,"
then-precisely	there-at	then	only	stop-you-will-run-it-will-be

yìsní-la.
him-to-he-said-it-was

31. Ùwat'iyi át'íyí its'óghá ii dìstł'ó-la.
    And so that bird started to run.

Ùwat'iyi	át'íyí	its'óghá	ii	dìstł'ó-la.
And-then	that-precisely	bird	the-one	he-started-to-run-it-was

Chapter 1

32. Ùwat'iyi mìsgàká gùsdlòtí ìlií, ga.
    His children were born, of course,

Ùwat'iyi	mìsgàká	gùsdlòtí	ìlií,	ga.
And-then	his-children	they-were-born	it-is-so	well

33. Ùwat'iyi tàsitsón-la.
    and when he died,

Ùwat'iyi	tàsitsón-la.
And-then	he-died-it-was

34. Ùwat'iyi át'íyí mízá ii ìst'á.
    his child (took over) next.

Ùwat'iyi	át'íyí	mízá	ii	ìst'á.
And-then	that-precisely	his-son	the-one	next

35. Ùwat'iyi tanásitsón it'iyi, mízá ii gughálásì át'íyí ìst'á.
    And when he died, too, then his child after him was the next one (to take over).

Ùwat'iyi	tanásitsón	it'iyi,	mízá	ii
And-then	again-he-died	then-precisely	his-son	the-one

gughálásì	át'íyí	ìst'á.
there-beyond	that-precisely	next

36. Ùwat'iyi át'íyí ìst'á mízá ii tàsitsóní gugha, diyí ts'ínìsk'a k'anágudidzin-gù ánágùjàgí gugha, Xàlítsa aakùùsà gùsdiyíní-la.
    And the next one, when his child died, when this earth had become whole again, the Old Man told them that it was enough.

Ùwat'iyi	át'íyí	ìst'á	mízá	ii	tàsitsóní	gugha,
And-then	that-precisely	next	his-son	the-one	he-died	there-at

diyí	ts'ínìsk'a	k'anágudidzin-gù	ánágùjàgí		gugha,
this	earth	it-is-complete-like	again-it-has-become		there-at

Xàlítsa	aakùùsà	gùsdiyíní-la.
Old-Man	that-is-enough	them-he-told-it-was

37. Ùwat'iyi yoghà yídínínìjí át'a.
    He then gave the bird a gift:

Ùwat'iyi	yoghà	yídínínìjí	át'a.
And-then	him-to	it-he-gifted	it-is

38. Ùwà tiya yitł'áłí ii k'àsì yoghà yídínínììzh-la, át'íyí its'óghá ii.
    he blessed that bird with the ability to run.

Ùwà	tiya	yitł'áłí	ii	k'àsì	yoghà
And	very-much	it-is-running	the-one	that-way	him-to

yídínínììzh-la,	át'íyí	its'óghá	ii.
it-he-gifted-it-was	that-precisely	bird	the-one

39. Xa?í mágunishó, isúh.
    That is how I know it from my grandmother.

Xa?í	mágunishó,	isúh.
This-is-how-it-is	it-I-know	grandmother

40. Isúh, Dátł'ìshà Ts'ìká, áa guunijà.
    It is my grandmother's story, Dátł'ìshà Ts'ìká (Writing Woman, Bessie Meguinis).

Isúh,	Dátł'ìshà	Ts'ìká,	áa	guunijà.
Grandmother	Book	Woman	belonging	stories.

2.

Tsúut'ínà Ásch'áyídátł'í K'àsì – Tú-chu Nóghàts'ádìłí Ìsíla

● ● ● ● ● ● ● ● ● ● ● ● ● ● ●

How the Tsuut'ina Separated – Crossing the Lake

2.

Tsúut'ínà Ásch'áyídátł'í K'àsì –
Tú-chu Nóghàts'ádìłí Ìsíla

Ùwà diyí zá ásch'ádàts'iyídátł'í guunijà, gútłóo Tsúut'ínà ásch'áyídátł'í át'a, dútłàgù zá.
    Diyí tłik'í guunijà: matsína dìstó-la. Ùwat'iyi dóní ákó gwàgidiyídál-la. Ùwat'iyi ànàgádìłí át'a, ách'á xadágudìzid-la. Ùwat'iyi tú-chu nóghàgidàłí ìsina. Iyí xagimìsts'iní-la: "Diyí nìstiní tú yìk'a ts'imiláa ágùjàg," gimìsts'iní-la. "Ùwà, gùsdináa nóghàsdàł," gimìsts'iní-la, iyí Xàkújághá.
    Isúh áníi: "Iyí Túwúł gu?ì yits'iłí át'a," ìsni. Ùwat'iyi át'íyí Túwúł ástsá ìsíla nóghàts'isdál-la, iyí yoghàyinó-ná ii. Ùwat'iyi Túwúł ii ìsíla dákàts'isdál-la.
    "Ùwà! Sasdina!" gimìsts'iní-la, Guxàkújà-yiná ii. Nóghàtsígiyis-la.
    Ùwat'iyi dìní ts'ìdoó tsitł'á móó tayágáł-la. Ùwat'iyi tats'ágáłí ìsíla, nóghàtsígídìyá-la. Ùwat'iyi ách'á idà ìsií iyí nìstiní zònà xàyi?ó-la. Yákó itsiy-la, diyí ts'ìdoó mìsnàguts'iwá-hí yiyinìzìtí ìlì. Ùwat'iyi itsiy-la. Ùwat'iyi át'íyí móó ii: "Aakù. Aakù, dúnitsiy. Sasdina naàsts'ini. Diyí nìstiní ts'imiláa ágùjàgí," náyìsnìsh-la. Ìgùłí, át'íyí idà ii ákó itsiy-la.
    Ùwat'iyi tsídigùł móó ii yóghá àst'òsiyá-la. Ùwat'iyi ts'ìkúwá tsíł, más, ùwà giyìs?inìlúsí gimádàyítł'úní gúdinìshí

2.

How the Tsuut'ina Separated – Crossing the Lake

These are not the only separation stories. The Tsuut'ina have separated many times, not just once.
    In this one story, a famine spread among them. And so they all went out in different directions looking for food. And they kept going farther and farther; apparently it was getting to be springtime. They were going to cross over a large lake. They were told: "The ice on the lake has become very thin," someone said to them. "Well, all right, go across quickly," they were told by the Chiefs.
    My grandmother said: "That Beaver Bundle was always ahead of them (in a holy way)," she said. They took that Beaver Bundle across first, those ones who were taking care of it. And then they came ashore with the Beaver Bundle.
    "All right! Now hurry up!" they were told by their Chiefs. They were running across in fear.
    This little boy was being carried on his mother's back. As he was being packed along, they were going across in fear, and apparently there was a horn sticking out of the ice. The boy cried for it, thinking it was surely a toy. He was crying, and his mother said: "That's enough. That's enough. Don't cry. We were told to hurry. This ice has become very

át'a. Ùwat'iyi át'íyí ditsíɫà ii nìtsaálàg, át'íyí xàyiʔoó ii itsàɫ-la. Ìgustiyà mìsíla nàguzìsts'ón-la. Ách'á Tástɫóní-tsií-la. Ùwat'iyi át'íyí nìstiní ii zònà tógha guts'i tatsidìt'ón-la. Ùwat'iyi iyí tsíyiyis-ná ii dzánádà nuwi dákàsidál-la. Ùwat'iyi iyí nìstiní ii ák'óo dúnóghàgidàɫ-ná ii, at'iyi dàtùwà ii tázák'a nàtsígínìsyiiz-la. At'iyi tɫat'á át'íyi-yiná ii tàdàgistsón-la. Ùwà iyí nìstiní nàdìsk'ìsí dósa dúnóghàgisdál-ná-yiná ii, at'iyi wúnìt'ósaák'aà ák'óo.

Ùwà xaʔí át'a, átɫich'áts'iyídátɫ'í.

Chapter 2

thin," she kept telling him. Nevertheless, he kept crying for the horn.

Finally, his mother stopped for him. The women long ago had an axe, a knife, and their sewing supplies tied onto their belts. She took off her axe and chopped at that thing that was sticking out of the ice. Suddenly there was a loud sound. Here, it was a tástłóní (*water monster*).

It raised its head up from the water through the ice. Those that were running on ahead had already made it over there to the other shore. And those on the ice that hadn't crossed yet became stranded in one place in the middle of that lake as they fled. All of those people died. And those that did not cross over because the ice broke are still up north.

That is how they separated.

2. Tsúut'ínà Ásch'áyídátł'í K'àsì – Tú-chu Nóghàts'ádìłí Ìsíla

How the Tsuut'ina Separated – Crossing the Lake

---

41. Ùwà diyí zá ásch'ádàts'iyídátł'í guunijà, gútłóo Tsúut'ínà ásch'áyídátł'í át'a, dútłàgù zá.
These are not the only separation stories. The Tsuut'ina have separated many times, not just once.

Ùwà	diyí	zá	ásch'ádàts'iyídátł'í	guunijà,	gútłóo
And	this	only	apart-they-all-walked	story	there-many

Tsúut'ínà	ásch'áyídátł'í	át'a,	dútłàgù	zá.
Tsuut'ina	apart-they-all-walked	it-is	not-one-time	only

---

42. Diyí tłik'í guunijà: matsína dìstó-la.
In this one story, a famine spread among them.

Diyí	tłik'í	guunijà:	matsína	dìstó-la.
This	one	story	famine	it-spread-it-was

---

43. Ùwat'iyi dóní ákó gwàgidiyídál-la.
And so they all went out in different directions looking for food.

Ùwat'iyi	dóní	ákó	gwàgidiyídál-la.
And-then	food	for	all-over-they-all-walked-it-was

---

44. Ùwat'iyi ànàgádìłí át'a, ách'á xadágudìzid-la.
And they kept going farther and farther; apparently it was getting to be springtime.

Ùwat'iyi	ànàgádìłí	át'a,	ách'á
And-then	continued-to-they-all-walked	it-is	it-just-so-happened

xadágudìzid-la.
spring-was-coming-it-was

45. Ùwat'iyi tú-chu nóghàgidàłí ìsina.
    They were going to cross over a large lake.

Ùwat'iyi	tú-chu	nóghàgidàłí	ìsina.
And-then	water-big-(lake)	across-they-will-all-walk	it-must-have-been

46. Iyí xagimìsts'iní-la: "Diyí nìstiní tú yìk'a ts'imiláa ágùjàg," gimìsts'iní-la.
    They were told: "The ice on the lake has become very thin," someone said to them.

Iyí	xagimìsts'iní-la:		"Diyí	nìstiní	tú
That	this-is-how-them-to-someone-said-it-was		"This	ice	water

yìk'a	ts'imiláa	ágùjàg,"	gimìsts'iní-la.
upon	it-is-thin	it-has-become	them-to-someone-said-it-was

47. "Ùwà, gùsdináa nóghàsdàł," gimìsts'iní-la, iyí Xàkújághá.
    "Well, all right, go across quickly," they were told by the Chiefs.

"Ùwà,	gùsdináa	nóghàsdàł,"	gimìsts'iní-la,
Now	in-a-hurry	across-you-will-all-walk	them-to-someone-said-it-was

iyí	Xàkújághá.
those	Chiefs

48. Isúh ánìi: "Iyí Túwúł guʔì yits'iłí át'a," ìsni.
    My grandmother said: "That Beaver Bundle was always ahead of them (in a holy way)," she said.

Isúh	ánìi:	"Iyí	Túwúł	guʔì
Grandmother	she-said	That	Beaver-Bundle	them-ahead

yits'iłí	át'a,"	ìsni.
it-will-be-going-in-a-holy-way	it-is	she-said

49. Ùwat'iyi át'íyí Túwúł ástsá ìsíla nóghàts'isdál-la, iyí yoghàyinó-ná ii.
   They took that Beaver Bundle across first, those ones who were taking care of it.

Ùwat'iyi	át'íyí	Túwúł	ástsá	ìsíla
And-then	that-precisely	Beaver-Bundle	first	it-with

nóghàts'isdál-la,	iyí
across-someone(pl.)-all-walked-it-was	those

yoghàyinó-ná	ii.
it-at-were-caring-for-persons	the-ones

50. Ùwat'iyi Túwúł ii ìsíla dákàts'isdál-la.
   And then they came ashore with the Beaver Bundle.

Ùwat'iyi	Túwúł	ii	ìsíla
And-then	Beaver-Bundle	the-one	it-with

dákàts'isdál-la.
ashore-someone(pl.)-all-walked-it-was

51. "Ùwà! Sasdina!" gimìsts'iní-la, Guxàkújà-yiná ii.
   "All right! Now hurry up!" they were told by their Chiefs.

"Ùwà!	Sasdina!"	gimìsts'iní-la,
Now	You-all-hurry	them-to-someone-said-it-was

Guxàkújà-yiná	ii.
their-Chiefs-people	the-ones

52. Nóghàtsígiyis-la.
   They were running across in fear.

Nóghàtsígiyis-la.
Across-in-fear-they-were-all-racing-it-was

53. Ùwat'iyi dìní ts'ìdoó tsitł'á móó tayágáł-la.
    This little boy was being carried on his mother's back.

Ùwat'iyi	dìní	ts'ìdoó	tsitł'á	móó
And-then	this-person	boy	little	his-mother

tayágáł-la.
him-she-is-backpacking-it-was

---

54. Ùwat'iyi tats'ágáłí ìsíla, nóghàtsígídìyá-la.
    As he was being packed along, they were going across in fear,

Ùwat'iyi	tats'ágáłí	ìsíla,
And-then	him-someone-is-backpacking	it-with

nóghàtsígídìyá-la.
across-in-fear-they-both-went-it-was

---

55. Ùwat'iyi ách'á idà ìsií iyí nìstiní zònà xàyi?ó-la.
    and apparently there was a horn sticking out of the ice.

Ùwat'iyi	ách'á	idà	ìsií	iyí	nìstiní
And-then	it-just-so-happened	horn	it-seemed	that	ice

zònà	xàyi?ó-la.
through	out-it-protruded-it-was

---

56. Yákó itsiy-la, diyí ts'ìdoó mìsnàguts'iwá-hí yiyinìzìtí ìlì.
    The boy cried for it, thinking it was surely a toy.

Yákó	itsiy-la,	diyí	ts'ìdoó	mìsnàguts'iwá-hí
It-for	he-is-crying-it-was	this	boy	it-with-you-play-the-one

yiyinìzìtí	ìlì.
he-thought	it-seemed

57. Ùwat'iyi itsiy-la.
    He was crying,

Ùwat'iyi   itsiy-la.
And-then   he-is-crying-it-was

---

58. Ùwat'iyi át'íyí móó ii: "Aakù.
    and his mother said: "That's enough.

Ùwat'iyi   át'íyí   móó   ii: "Aakù.
And-then   that-precisely   his-mother   the-one   Enough

---

59. Aakù, dúnitsiy.
    That's enough. Don't cry.

Aakù,   dúnitsiy.
Enough   not-you-cry

---

60. Sasdina naàsts'ini.
    We were told to hurry.

Sasdina   naàsts'ini.
You-all-hurry   us-to-someone-is-saying

---

61. Diyí nìstiní ts'imiláa ágùjàgí," náyìsnìsh-la.
    This ice has become very thin," she kept telling him.

Diyí   nìstiní   ts'imiláa   ágùjàgí,"
This   ice   it-is-thin   it-has-become

náyìsnìsh-la.
again-and-again-him-to-she-says-it-was

---

62. Ìgùłí, át'íyí idà ii ákó itsiy-la.
    Nevertheless, he kept crying for the horn.

Ìgùłí,   át'íyí   idà   ii   ákó   itsiy-la.
Even-so   that-precisely   horn   the-one   for   he-is-crying-it-was

Chapter 2

63. Ùwat'iyi tsídigùł móó ii yóghá ást'òsiyá-la.
    Finally, his mother stopped for him.

Ùwat'iyi	tsídigùł	móó	ii	yóghá
And-then	without-refrain	his-mother	the-one	him-for

ást'òsiyá-la.
stop-she-walked-it-was

64. Ùwat'iyi ts'ìkúwá tsíł, más, ùwà giyìs?inìlúsí gimádàyítł'úní gúdinìshí át'a.
    The women long ago had an axe, a knife, and their sewing supplies tied onto their belts.

Ùwat'iyi	ts'ìkúwá	tsíł,	más,	ùwà	giyìs?inìlúsí
And-then	women	axe	knife	and	they-it-with-sew

gimádàyítł'úní			gúdinìshí	át'a.
them-each-and-every-one-onto-is-tied			often	it-is

65. Ùwat'iyi át'íyí ditsíłà ii nìtsaálàg, át'íyí xàyi?oó ii itsàł-la.
    She took off her axe and chopped at that thing that was sticking out of the ice.

Ùwat'iyi	át'íyí	ditsíłà	ii	nìtsaálàg,
And-then	that-precisely	her-own-axe	the-one	off-she-took

át'íyí	xàyi?oó	ii	itsàł-la.
that-precisely	out-it-is-protruding	the-one	she-was-chopping-it-was

66. Ìgustiyà mìsíla nàguzìsts'ón-la.
    Suddenly there was a loud sound.

Ìgustiyà	mìsíla	nàguzìsts'ón-la.
All-of-a-sudden	her-with	noise-there-was-it-was

67. Ách'á Tástłóní-tsií-la.
    Here, it was a tástłóní (water monster).

Ách'á	Tástłóní-tsií-la.
It-just-so-happened	Water-Monster-the-it-was

68. Ùwat'iyi át'íyí nìstiní ii zònà tógha guts'i tatsidìt'ón-la.
    It raised its head up from the water through the ice.

Ùwat'iyi	át'íyí	nìstiní	ii	zònà	tógha
And-then	that-precisely	ice	the-one	through	water-in

guts'i	tatsidìt'ón-la.
there-from	up-head-he-put-it-was

69. Ùwat'iyi iyí tsíyiyis-ná ii dzánádà nuwi dákàsidál-la.
    Those that were running on ahead had already made it over there to the other shore.

Ùwat'iyi	iyí	tsíyiyis-ná	dzánádà
And-then	that	in-fear-they-were-all-racing-persons	already

nuwi	dákàsidál-la.
over-there	ashore-they-all-walked-it-was

70. Ùwat'iyi iyí nìstiní ii ák'óo dúnóghàgidàł-ná ii, at'iyi dàtùwà ii tázák'a nàtsígínìsyiiz-la.
    And those on the ice that hadn't crossed yet became stranded in one place in the middle of that lake as they fled.

Ùwat'iyi	iyí	nìstiní	ii	ák'óo	dúnóghàgidàł-ná
And-then	that	ice	the-one	yet	not-across-they-all-walk-persons

ii,	at'iyi	dàtùwà	ii	tázák'a
the-ones	there-precisely	lake	the-one	middle

nàtsígínìsyiiz-la.
at-a-point-in-fear-became-stranded-it-was

71. At'iyi tłat'á át'íyi-yiná ii tàdàgistsón-la.
    All of those people died.

At'iyi	tłat'á	át'íyi-yiná	ii
There-precisely	all	that-precisely-people	the-ones

tàdàgistsón-la.
each-and-every-one-died-it-was

Chapter 2

72. Ùwà iyí nìstiní nàdìsk'ìsí dósa dúnóghàgisdál-ná-yiná ii, at'iyi wúnìt'ósaák'aà ák'óo.
    And those that did not cross over because the ice broke are still up north.

Ùwà	iyí	nìstiní	nàdìsk'ìsí	dósa
And	that	ice	at-a-point-it-cracked	because-of

dúnóghàgisdál-ná-yiná	ii,	at'iyi
not-across-they-all-walked-persons-people	the-ones	there-precisely

wúnìt'ósaák'aà	ák'óo.
north-that-way	yet

73. Ùwà xaʔí át'a, átłich'áts'iyídátł'í.
    That is how they separated.

Ùwà	xaʔí	át'a,	átłich'áts'iyídátł'í.
And	that-is-how	it-is	each-other-apart-from-someone(pl.)-all-walked

3.

Xaní-tii Tú-chu

• • • • • • • • • • • • • • •

Buffalo Lake

3.

Xaní-tii Tú-chu

Iyí Xaní-tii Dàtùwà, át'íyí miguunijà í: dìní k'àt'íní xaní-tii zìsyín-la. Ùwat'iyi diyí ìsà, yichóoníló-la. Ùwat'iyi yitùwà xastóghà ii tsàgùst'óóz-la. Ùwat'iyi mitùwà ii xàníł-la. Dìsnón-la. Ùwat'iyi ácháádìsnón-la.
 Ùwat'iyi yich'ò tsídìstł'ó-la, iyí tú ànàyitłìłí. Ùwat'iyi yich'ò tsíyitł'áł-la. Ùwat'iyi ìgùłí, iyí xaní-tii michó guts'i tú ii ànàyiníł-la. Ùwat'iyi átłat'a dàtùwà chu gwájàg-la. Át'íyí Xaní-tii Dàtùwà gùsts'inìshí át'a, Tsúut'ínà t'ágà. Ùwà át'íyí tú yìk'a, at'iyi xaní-tii ii núú gwájàg-la. Núú-gù gùsʔóní át'a, at'iyi tú yìk'a. Ùwat'iyi at'iyi át'a, xagùjàgí, gini, Tsúut'ínà.
 Tatł'áyìts'ídí it'iyi, at'iyi áts'it'íní ìdà, át'íyí Xaní-tii Dàtùwà, áginíi, diná nàdàtsiyí ígúzìts'iy. Át'íyí iyi-ná tógháyiits'id-ná ii, át'íyí tú yìk'a ák'óo dàgitsiy, at'iyi tatł'ááts'íd it'iyi.
 Át'íyí át'a, máguunijà.

3.

Buffalo Lake

As for the story of Buffalo Lake: this man killed a buffalo. And this is the way it was: he gutted it and cut open its bladder. Water started to flow out of its bladder and went flowing out. It kept flowing and flowing with no end.

And so he fled from the water that was flooding out of control. He was running away from it in fear. Even so, the water kept flowing uncontrollably from the buffalo's stomach. Finally, it became a big lake. That is what the Tsuut'ina call Buffalo Lake. And under the water, the buffalo turned into an island there. It sits as an island under the water there. And that is where it happened, the Tsuut'ina say.

In the afternoon, if you happen to be there at Buffalo Lake, they say that you can hear people wailing. Those ones that fell into the water are all still crying underwater there in the afternoon.

That is the story of it.

3. Xaní-tii Tú-chu

Buffalo Lake

74. Iyí Xaní-tii Dàtùwà, át'íyí miguunijà í: dìní k'àt'íní xaní-tii zìsyín-la.
As for the story of Buffalo Lake: this man killed a buffalo.

Iyí	Xaní-tii	Dàtùwà,	át'íyí	miguunijà
That	Buffalo-real	Lake	that-precisely	its-story

í:		dìní	k'àt'íní	xaní-tii	zìsyín-la.
on-the-other-hand		this-person	man	buffalo-real	he-killed-it-was

75. Ùwat'iyi diyí ìsà, yichóoníló-la.
And this is the way it was: he gutted it

Ùwat'iyi	diyí	ìsà,	yichóoníló-la.
And-then	this	it-may-be	its-stomach-out-he-it-took-it-was

76. Ùwat'iyi yitùwà xastóghà ii tsàgùst'óóz-la.
and cut open its bladder.

Ùwat'iyi	yitùwà	xastóghà	ii	tsàgùst'óóz-la.
And-then	its-bladder	bag	the-one	open-he-cut-it-was

77. Ùwat'iyi mitùwà ii xànîł-la.
Water started to flow out of its bladder

Ùwat'iyi	mitùwà	ii	xànîł-la.
And-then	its-bladder	the-one	out-it-is-pouring-it-was

78. Dìsnón-la.
and went flowing out.

Dìsnón-la.
It-started-to-flow-it-was

Chapter 3

79. Ùwat'iyi ácháádìsnón-la.
    It kept flowing and flowing with no end.

Ùwat'iyi	ácháádìsnón-la.
And-then	more-than-enough-it-flowed-it-was

80. Ùwat'iyi yich'ò tsídìstł'ó-la, iyí tú ànàyitłìlí.
    And so he fled from the water that was flooding out of control.

Ùwat'iyi	yich'ò	tsídìstł'ó-la,	iyí	tú
And-then	it-in-avoidance	in-fear-he-ran-it-was	that	water

ànàyitłìlí.
continued-to-become-more

81. Ùwat'iyi yich'ò tsíyitł'áł-la.
    He was running away from it in fear.

Ùwat'iyi	yich'ò	tsíyitł'áł-la.
And-then	it-in-avoidance	fear-he-was-running-it-was

82. Ùwat'iyi ìgùłí, iyí xaní-tii michó guts'i tú ii ànàyiníł-la.
    Even so, the water kept flowing uncontrollably from the buffalo's stomach.

Ùwat'iyi	ìgùłí,	iyí	xaní-tii	michó	guts'i
And-then	even-so	that	buffalo-real	his-guts	there-from

tú	ii	ànàyiníł-la.
water	the-one	continued-to-pour-it-was

83. Ùwat'iyi átłat'a dàtùwà chu gwájàg-la.
    Finally, it became a big lake.

Ùwat'iyi	átłat'a	dàtùwà	chu	gwájàg-la.
And-then	finally	lake	big	like-it-became-it-was

Isúh Áníi / As Grandmother Said

84. **Át'íyí Xaní-tii Dàtùwà gùsts'inìshí át'a, Tsúut'ínà t'ágà.**
    That is what the Tsuut'ina call Buffalo Lake.

Át'íyí	Xaní-tii	Dàtùwà	gùsts'inìshí	át'a,
That-precisely	Buffalo-real	Lake	there-someone-it-calls	it-is

Tsúut'ínà	t'ágà.
Tsuut'ina	like

85. **Ùwà át'íyí tú yìk'a, at'iyi xaní-tii ii núú gwájàg-la.**
    And under the water, the buffalo turned into an island there.

Ùwà	át'íyí	tú	yìk'a,	at'iyi	xaní-tii
And	that-precisely	water	under	there-precisely	buffalo-real

ii	núú	gwájàg-la.
the-one	island	like-it-became-it-was

86. **Núú-gù gùs?óní át'a, at'iyi tú yìk'a.**
    It sits as an island under the water there.

Núú-gù	gùs?óní	át'a,	at'iyi	tú	yìk'a.
Island-like	there-it-sits	it-is	there-precisely	water	under

87. **Ùwat'iyi at'iyi át'a, xagùjàgí, gini, Tsúut'ínà.**
    And that is where it happened, the Tsuut'ina say.

Ùwat'iyi	at'iyi	át'a,	xagùjàgí,
And-then	there-precisely	it-is	this-is-how-it-happened-they-say

Tsúut'ínà.
Tsuut'ina

88. Tatł'áyìts'ídí it'iyi, at'iyi áts'it'íní ìdà, át'íyí Xaní-tii Dàtùwà, áginíi, diná nàdàtsiyí ígúzìts'iy.
In the afternoon, if you happen to be there at Buffalo Lake, they say that you can hear people wailing.

Tatł'áyìts'ídí	it'iyi,	at'iyi	áts'it'íní	ìdà,
Part-way-it-falls	then-precisely	there-precisely	it-of-someone-stays	if

át'íyí	Xaní-tii	Dàtùwà,	áginíi,	diná
that-precisely	Buffalo-real	Lake	of-they-say	people

nàdàtsiyí		ígúzìts'iy.	
at-that-point-someone(pl.)-is-wailing		it-must-be-they-hear	

89. Át'íyí iyi-ná tógháyiits'id-ná ii, át'íyí tú yìk'a ák'óo dàgitsiy, at'iyi tatł'ááts'ídí it'iyi.
Those ones that fell into the water are all still crying underwater there in the afternoon.[*]

Át'íyí	iyi-ná	tógháyiits'id-ná	ii,
That-precisely	those-persons	water-into-they-fell-persons	the-ones

át'íyí	tú	yìk'a	ák'óo	dàgitsiy,
that-precisely	water	under	yet	each-and-every-one-is-crying

at'iyi	tatł'ááts'ídí	it'iyi.	
there-precisely	part-way-it-falls	then-precisely	

90. Át'íyí át'a, máguunijà.
That is the story of it.

Át'íyí	át'a,	máguunijà.
That-precisely	it-is	its-story

---

[*] The lake mentioned in this narrative is the same one at which the Tsuut'ina would later become separated, as recounted in the narrative "How the Tsuut'ina Separated – Crossing the Lake" (*Bruce Starlight*, March 22, 2023).

4.

Tsúut'ínà Ásch'áyídátł'í K'àsì – Tłích'á Dósa Ítłíts'íyíídátł'í (Tłìk'í)

• • • • • • • • • • • • • •

How the Tsuut'ina Separated – The War Over a Dog (Part One)

4.

Tsúut'ínà Ásch'áyídátɬ'í K'àsì – Tɬích'á Dósa Ítɬíts'íyíídátɬ'í (Tɬìk'í)

Ùwà tɬìdi í, dìní Tsúut'ínà gùsdló-la. Isúh ánii: Tsúut'ínà nitɬóní át'a, dzáná-gù. Tɬìdi átɬák'àginá-hí it'iyi, gítɬóní át'a, ìsnìshí gúdinìsh, isúh. Kù gudinìɬó-la.
Ùwat'iyi diyí tɬích'á-ká nànit'òyí-ká átágùdlì. Ùwà diyí tɬích'á nànit'òy-la. Ùwat'iyi iyí kùwa-gutii kúyitɬ'ó-la. Ùwat'iyi ách'á dóní siló-la. Át'íyí dóní siloó ii ánìst'ày-la. K'àt'íní kùwa-gutii kúnáyíyá-la. Át'íyí tɬích'á zìsyín-la.
Ga, tɬí tiya ts'idíschòwí gúdinìsh. Ùwà at'iyi wúnit'ósì ádàsaàt'íní ìlì. Át'íyí jú gimadach'idíst'ìyí gúdinìsh.
Ùwat'iyi át'íyí k'àt'íní iyí tɬích'á it'íní, át'íyí k'àt'íná názìsyín-la. Ùwat'iyi giminájùná ii tɬat'á izoghádìzid-la. Ùwat'iyi ítɬígíídàɬ-la. Ùwat'iyi isúh ánii: "Dàtɬigighóní oghàts'igisdlòd-la," ìsni. Ùwat'iyi ts'áxáginiyìsdál-la, átɬítónáásdina átɬinájùnáá dàtɬigidiyì-hí k'àsónà náátɬigidiyìsdál. Ùwat'iyi xaátɬìsginí-la: "Dúnáátɬìsaàtsá-hí át'a. Diyí ts'ínìsk'a k'àgunìt'aá ìdà zá náátɬìsaàtsá-hí át'a," ítɬìsgidiyíni. Ùwat'iyi átɬich'ánágisdál-la.
Xagùjàgí át'a. Ùwà áginii, át'íyí dósa: Diná wúnigà-yiná, Tsúut'ínà-yiná, ùwà diyí wúnit'ósì Diná. Xa?í át'a, ásch'ánáyaàdátɬ'í.

4.

How the Tsuut'ina Separated – The War Over a Dog (Part One)

And one time, these Tsuut'ina were camping. My grandmother said there were many Tsuut'ina long ago. When they gathered in one place, they were so many of them, grandmother always used to say. There were lots of camps.

Dogs that steal food are not good, and this one dog stole food. It went into this teepee, and apparently there was food there, and it ate up all the food that was lying there. The man came back into the teepee and killed the dog.

Well, dogs were always highly regarded. We all lived up north then. They used to harness their dogs, as well.

And then the owner of that dog killed that man in return. All of their relatives became angry and they battled one another. As my grandmother said: "They got tired of killing each other," she said. Then they stood in a long line, across from each other according to how they were related to one another. And they said to each other: "We are not going to see each other again. Only at the end of time will we see each other again," they said to each other. And so they separated again.

That is how it came to be. And because of that, they say this: the people in the south are Tsuut'ina people, as well as these northern people. That is how we separated again.

Isúh Áníi / As Grandmother Said

4. Tsúut'ínà Ásch'áyídátł'í K'àsì –
Tłích'á Dósa Ítłíts'íyíídátł'í (Tłìk'í)

How the Tsuut'ina Separated –
The War Over a Dog (Part One)

---

91. Ùwà tłìdi í, dìní Tsúut'ínà gùsdló-la. Isúh áníi: Tsúut'ínà nitłóní át'a, dzáná-gù.
    And one time, these Tsuut'ina were camping. My grandmother said there were many Tsuut'ina long ago.

Ùwà	tłìdi	í,	dìní	Tsúut'ínà
Now	one-place	on-the-other-hand	these-persons	Tsuut'ina

gùsdló-la.	Isúh	áníi:	Tsúut'ínà
they-were-living-it-was	Grandmother	she-said	Tsuut'ina

nitłóní	át'a,	dzáná-gù.
it-is-many-the-one	it-is	a-long-time-ago

---

92. Tłìdi átłák'àginá-hí it'iyi, gítłóní át'a, ìsnìshí gúdinìsh, isúh. Kù gudinìłó-la.
    When they gathered in one place, they were so many of them, grandmother always used to say. There were lots of camps.

Tłìdi	átłák'àginá-hí	it'iyi,	gítłóní
One-place	together-they-camp	then-precisely	they-are-many

át'a,	ìsnìshí	gúdinìsh,	isúh.	Kù
it-is	she-keeps-saying	often	grandmother	Camp

gudinìłó-la.
they-live-many-it-was

93. Ùwat'iyi diyí tłích'á-ká nànit'òyí-ká átágùdlì.
    Dogs that steal food are not good,

Ùwat'iyi	diyí	tłích'á-ká	nànit'òyí-ká	átágùdlì
And-then	these	dog-the-ones	it-steals-food-the-ones	it-is-bad

94. Ùwà diyí tłích'á nànit'òy-la.
    and this one dog stole food.

Ùwà	diyí	tłích'á	nànit'òy-la.
And	this	dog	it-steals-food-it-was

95. Ùwat'iyi iyí kùwa-gutii kúyitł'ó-la.
    It went into this teepee,

Ùwat'iyi	iyí	kùwa-gutii	kúyitł'ó-la.
And-then	that	teepee-it-is-real	in-he-went-it-was

96. Ùwat'iyi ách'á dóní siló-la.
    and apparently there was food there,

Ùwat'iyi	ách'á	dóní	siló-la.
And-then	it-just-so-happened	food	it-was-lying-it-was

97. Át'íyí dóní siloó ii ánìst'ày-la.
    and it ate up all the food that was lying there.

Át'íyí	dóní	siloó	ii	ánìst'ày-la.
That-precisely	food	it-was-lying	the-one	it-he-ate-all-up-it-was

98. K'àt'íní kùwa-gutii kúnáyíyá-la.
    The man came back into the teepee

K'àt'íní	kùwa-gutii	kúnáyíyá-la.
Man	teepee-it-is-real	in-again-he-walked-it-was

99. Át'íyí tłích'á zìsyín-la.
    and killed the dog.

Át'íyí	tłích'á	zìsyín-la.
that-precisely	dog	he-killed-it-was

100. Ga, tłí tiya ts'idíschòwí gúdinìsh.
     Well, dogs were always highly regarded.

Ga,	tłí	tiya	ts'idíschòwí	gúdinìsh.
Well	dogs	very-much	someone-treasured	it-used-to-be

101. Ùwà at'iyi wúnit'ósì ádàsaàt'íní ìlì.
     We all lived up north then.

Ùwà	at'iyi	wúnit'ósì	ádàsaàt'íní
And	there-precisely	north	there-each-and-every-one-of-us-live

ìlì.
it-was-so

102. Át'íyí jú gimadach'idíst'ìyí gúdinìsh.
     They used to harness their dogs, as well.

Át'íyí	jú	gimadach'idíst'ìyí	gúdinìsh.
That-precisely	also	them-they-onto-hitched	it-used-to-be

103. Ùwat'iyi át'íyí k'àt'íní iyí tłích'á it'íní, át'íyí k'àt'íná názìsyín-la.
     And then the owner of that dog killed that man in return.

Ùwat'iyi	át'íyí	k'àt'íní	iyí	tłích'á	it'íní,
And-then	that-precisely	man	that	dog	it-he-owned-the-one

át'íyí	k'àt'íná	názìsyín-la.
that-precisely	man	in-turn-he-killed-it-was

Chapter 4

104. Ùwat'iyi giminájùná ii tłat'á izoghádìzid-la.
All of their relatives became angry

Ùwat'iyi	giminájùná	ii	tłat'á	izoghádìzid-la.
And-then	their-relatives	the-ones	all	mad-they-became-it-was

105. Ùwat'iyi ítłígíídàł-la.
and they battled one another.

Ùwat'iyi	ítłígíídàł-la.
And-then	each-other-they-advanced-for-battle-it-was

106. Ùwat'iyi isúh áníi: "Dàtłigighóní oghàts'igisdlòd-la," ìsni.
As my grandmother said: "They got tired of killing each other," she said.

Ùwat'iyi	isúh	áníi:
And-then	grandmother	she-said

"Dàtłigighóní
Each-and-every-one-each-other-they-killed

oghàts'igisdlòd-la,"	ìsni.
of-it-they-became-tired-it-was	she-said

107. Ùwat'iyi ts'áxáginiyìsdál-la, átłítónáásdina átłinájùnáá dàtłigidiyì-hí k'àsónà náátłigidiyìsdál.
Then they stood in a long line, across from each other according to how they were related to one another.

Ùwat'iyi	ts'áxáginiyìsdál-la,	átłítónáásdina
And-then	in-a-long-line-they-all-lined-up-it-was	each-other-opposite

átłinájùnáá	dàtłigidiyì-hí
each-other's-relatives	each-and-every-one-each-other-they-are-related

k'àsónà	náátłigidiyìsdál.
along-that-way	each-other-they-all-segregated

108. Ùwat'iyi xaátɬìsginí-la: "Dúnáátɬìsaàtsá-hí át'a."
    And they said to each other: "We are not going to see each other again.

Ùwat'iyi	xaátɬìsginí-la:
And-then	this-is-how-each-other-to-they-said-it-was

"Dúnáátɬìsaàtsá-hí	át'a.
Not-again-each-other-we-will-see	it-is

109. Diyí ts'ínìsk'a k'àgunìt'aá ìdà zá náátɬìsaàtsá-hí át'a," ítɬìsgidiyíni.
    Only at the end of time will we see each other again," they said to each other.

Diyí	ts'ínìsk'a	k'àgunìt'aá	ìdà	zá
This	earth	completely-finished	then	only

náátɬìsaàtsá-hí	át'a,"	ítɬìsgidiyíni.
again-each-other-we-will-see	it-is	each-other-to-they-said

110. Ùwat'iyi átɬich'ánágisdál-la.
    And so they separated again.

Ùwat'iyi	átɬich'ánágisdál-la.
And-then	each-other-apart-from-again-they-all-walked-it-was

111. Xagùjàgí át'a.
    That is how it came to be.

Xagùjàgí	át'a.
This-is-how-it-became	it-is

Chapter 4

112. Ùwà áginíi, át'íyí dósa: Diná wúnigà-yiná, Tsúut'ínà-yiná,
And because of that, they say this: the people in the south are Tsuut'ina people,

Ùwà	áginíi,	át'íyí	dósa:	Diná	wúnigà-yiná,
Now	it-they-say	that-precisely	because-of	Dina	south-people

Tsúut'ínà-yiná,
Tsuut'ina-people

113. ùwà diyí wúnit'ósì Diná.
as well as these northern people.

ùwà	diyí	wúnit'ósì	Diná.
and	these	north	Dina

114. Xa?í át'a, ásch'ánáyaàdátł'í.
That is how we separated again.

Xa?í	át'a,	ásch'ánáyaàdátł'í.
This-is-how	it-is	apart-again-we-all-walked

4.

Tsúut'ínà Ásch'áyídátł'í K'àsì– Tłích'á Dósa Ítłíts'íyíídátł'í (Akíyí)

Ùwat'iyi átłák'ànáyaàdál, Diná–Tsúut'ínà Diná, tłat'á diyí wúnigà, ts'íyà, ts'ídigà, wúnit'ósì átłák'ànáyaàdál. Ùwat'iyi át'íyí k'oo mogha guyisnijí, iyí tłích'á dósa ásch'áyìdálí, át'íyí gimínóghá diyisì.
    Ùwat'iyi dìní Dził Diná, "Apaches," minátù át'ín-la. Ùwat'iyi xanaàsni: "Dújú nádìsts'í yinisiní át'a," ìsni. "Isúh," ìsni, "daát'íyí guunijà sínóghá diyínií át'a," ìsni. "Ùwà sinájùnáá doo dújú náastsá yinisiní át'a. Mi?ì dzoghànisíd yinisiní át'a," ìsni. "Ùwà dá?í mágunishó, diyí isúh yik'anáguunijí," ìsni.
    Ùwat'iyi gùnízí, iyí Jicarilla Apache giminìsk'aà, diyí Lake Chama gimiguná-hà k'àsì. Giyízií k'àsì ách'igunisho. Xat'áazá: "Át'íyí dàtùwà chu, at'iyi gut'ónák'a," ìsni, "nuwit'iyi gútsìtł'áa ts'idiyá it'iyi, iyí mis k'a nágúsdúwí dátł'ìsh," ìsni. "Ùwat'iyi át'íyí, diyí k'oo mogha guyasnijí," ìsni, "át'íyí dik'asilo. Diná nihíní Ànàsàzí gimìsdaànìsh," ìsni. "Át'íyí-ná át'a, dàgiyidiyítł'ìshí," ìsni. Ùwà nihíní í Tsúut'ínà, "náasgút'òshí diná"–át'íyí át'a, gimìsdaànìsh.
    Át'íyí jú át'a, diyí átłich'áts'iyídálí, át'íyí tłích'á dósa.

4.

How the Tsuut'ina Separated – The War Over a Dog (Part Two)

We all met, people – Tsuut'ina people, and all those people from the south, east, west, and north. We all got together. I told them about the story that I just told about the separation because of the dog.

This one Sand Person (Apache) had tears in his eyes. Then he told us: "I never thought I would hear it again," he said. "My grandmother," he said, "used to tell me about that same story," he said. "And my relatives here, I never thought I would see them again. I thought I would die before that," he said. "And now I know what my grandmother was telling that story about."

He named it in their language, the place on Jicarilla Apache land, Lake Chama. I don't know what they call it. But: "That big lake, behind there," he said, "when you go a little ways over there, there is holy pictographic writing on a cliff there," he said. "The story that you just told now," he said, "is written there. The people that we call the Anasazi," he said, "are the ones that wrote it all on the cliffs," he said. As for us Tsuut'ina, we call them "the people beyond living memory."

It is that, as well, the separation because of a dog.

4. Tsúut'ínà Ásch'áyídátł'í K'àsì – Tłích'á Dósa Ítłíts'íyíídátł'í (Akíyí)

How the Tsuut'ina Separated – The War Over a Dog (Part Two)

---

115. Ùwat'iyi átłák'ànáyaàdál, Diná – Tsúut'ínà Diná, tłat'á diyí wúnigà, ts'íyà, ts'ídigà, wúnit'ósì átłák'ànáyaàdál.
We all met, people – Tsuut'ina people, and all those people from the south, east, west, and north. We all got together.

Ùwat'iyi	átłák'ànáyaàdál,		Diná	–	Tsúut'ínà
And-then	together-again-we-all-gathered		Dina	–	Tsuut'ina

Diná,	tłat'á	diyí	wúnigà,	ts'íyà,	ts'ídigà,	wúnit'ósì
Dina	all	this	south	east	west	north

átłák'ànáyaàdál.
together-again-we-all-gathered

---

116. Ùwat'iyi át'íyí k'oo mogha guyisnijí, iyí tłích'á dósa ásch'áyìdálí, át'íyí gimínóghá diyisì.
I told them about the story that I just told about the separation because of the dog.

Ùwat'iyi	át'íyí	k'oo	mogha	guyisnijí,	iyí	tłích'á
And-then	that-precisely	just-now	it-of	story-I-told	that	dog

dósa	ásch'áyìdálí,	át'íyí	gimínóghá	diyisì.
because-of	apart-they-all-walked	that-precisely	them-at	I-told

Chapter 4

117. Ùwat'iyi dìní Dził Diná, "Apaches," minátù át'ín-la.
This one Sand Person (Apache) had tears in his eyes.

Ùwat'iyi	dìní	Dził	Diná	"Apaches,"	minátù
And-then	this-person	Sand	People	Apaches	his-tears

át'ín-la.
it-is-it-was

118. Ùwat'iyi xanaàsni: "Dújú nádìsts'í yinisiní át'a," ìsni.
Then he told us: "I never thought I would hear it again," he said.

Ùwat'iyi	xanaàsni:		"Dújú	nádìsts'í
And-then	this-is-how-us-to-he-said-it-was		Not-also	again-it-I-will-hear

yinisiní	át'a,"	ìsni.
I-thought	it-is	he-said

119. "Isúh," ìsni, "daát'íyí guunijà sínóghá diyínií át'a," ìsni.
"My grandmother," he said, "used to tell me about that same story," he said.

"Isúh,"	ìsni,	"daát'íyí	guunijà	sínóghá	diyínií
Grandmother	he-said	this-precisely	story	me-at	she-told

át'a,"	ìsni.
it-is	he-said

120. "Ùwà sinájùnáá doo dújú náastsá yinisiní át'a.
"And my relatives here, I never thought I would see them again."

"Ùwà	sinájùnáá	doo	dújú	náastsá
And	my-relatives	here	not-also	again-I-will-see

yinisiní	át'a.
I-thought	it-is

121. Mi?ì dzoghànisíd yinisiní át'a," ìsni.
 I thought I would die before that," he said.

Mi?ì	dzoghànisíd	yinisiní	át'a,"	ìsni.
It-before	I-will-pass-away	I-thought	it-is	he-said

122. "Ùwà dá?í mágunishó, diyí isúh yik'anáguunijí," ìsni.
 "And now I know what my grandmother was telling that story about."

"Ùwà	dá?í	mágunishó,	diyí	isúh
Now	right-now	it-I-know	this	grandmother

yik'anáguunijí,"				ìsni.
completely-again-and-again-story-she-tells				he-said

123. Ùwat'iyi gùnízí, iyí Jicarilla Apache giminìsk'aà, diyí Lake Chama gimiguná-hà k'àsì.
 He named it in their language, the place on Jicarilla Apache land, Lake Chama.

Ùwat'iyi	gùnízí,	iyí	Jicarilla	Apache	giminìsk'aà,
And-then	there-he-called	that	Jicarilla	Apache	their-land

diyí	Lake	Chama	gimiguná-hà	k'àsì.
this	Lake	Chama	their-language	that-way

124. Giyízií k'àsì ách'igunisho.
 I don't know what they call it.

Giyízií	k'àsì	ách'igunisho.
They-it-call	the-way	it-I-do-not-know

125. Xat'áazá: "Át'íyí dàtùwà chu, at'iyi gut'ónák'a," ìsni, "nuwit'iyi gútsìtł'áa ts'idiyá it'iyi, iyí mis k'a nágúsdúwí dátł'ìsh," ìsni.
But: "That big lake, behind there," he said, "when you go a little ways over there, there is holy pictographic writing on a cliff there," he said.

Xat'áazá:	"Át'íyí	dàtùwà	chu,	at'iyi	gut'ónák'a,"
However	That-precisely	lake	big	there-precisely	there-behind

ìsni,	"nuwit'iyi	gútsìtł'áa	ts'idiyá
he-said	over-there-precisely	there-it-is-little	someone-will-walk

it'iyi,	iyí	mis	k'a	nágúsdúwí	dátł'ìsh,"	ìsni.
then-precisely	that	cliff	on	pictographs	it-is-written	he-said

126. "Ùwat'iyi át'íyí, diyí k'oo mogha guyasnijí," ìsni, "át'íyí dik'asilo."
"The story that you just told now," he said, "is written there."

"Ùwat'iyi	át'íyí,	diyí	k'oo	mogha	guyasnijí,"
And-then	that-precisely	this	recently	it-about	you-talked

ìsni,	"át'íyí	dik'asilo.
he-said	that-precisely	there-on-it-is-written

127. Diná nihíní Ànàsàzí gimìsdaànìsh," ìsni.
The people that we call the Anasazi," he said,

Diná	nihíní	Ànàsàzí	gimìsdaànìsh,"	ìsni.
Dina	us	Anasazi	them-we-name	he-said

128. "Át'íyí-ná át'a, dàgiyidiyítł'ìshí," ìsni.
"are the ones that wrote it all on the cliffs," he said.

"Át'íyí-ná	át'a,	dàgiyidiyítł'ìshí,"	ìsni.
Those-precisely-persons	it-is	each-and-every-one-they-drew	he-said

129. Ùwà nihíní í Tsúut'ínà, "náasgút'òshí diná" – át'íyí át'a, gimìsdaànìsh.
As for us Tsuut'ina, we call them "the people beyond living memory."

Ùwà	nihíní	í		Tsúut'ínà,	"náasgút'òshí
And	us	on-the-other-hand		Tsuut'ina	a-very-long-time-ago

diná"	–	át'íyí	át'a,	gimìsdaànìsh.
people	–	that-precisely	it-is	them-we-name

130. Át'íyí jú át'a, diyí átłich'áts'iyídálí, át'íyí tłích'á dósa.
It is that, as well, the separation because of a dog.

Át'íyí	jú	át'a,	diyí
That-precisely	also	it-is	this

átłich'áts'iyídálí,	át'íyí
each-other-apart-from-someone(pl.)-all-walked	that-precisely

tłích'á	dósa.
dog	because-of

5.

Nìnàghá Tsitł'á:
Ts'ìká Wúnit'ósì Guminánìstití (Tłìk'í)

• • • • • • • • • • • • •

Willie Little Bear:
The Woman Who Went Back North (Part One)

5.

Ninàghá Tsitłʼá:
Tsʼìká Wúnitʼósì Guminánìstití (Tłìkʼí)

Gínóghá Willie, Ninàghá Tsitłʼá giyìsnìshí gúdinìsh – diyí miguunijà.
  Tsʼogha kwákʼàdiláshí gúdinìsh, ámà itʼiyi. Ùwatʼiyi shaádàs?íní ùwà tú tadádishilshí, itʼoósítùwà óghá. Ùwatʼiyi dogha sido?í gúdinìsh. Ùwatʼiyi xìł gwágùná-hí itʼiyi, átʼíyí mikùkʼa ii dúgwaghàyìnití guwa, iyí yìsíla – ichi naádínásgisí áschʼánískʼòłí – átʼíyí tázákʼa gustiyà nàyidichishí gúdinìsh.
  Ùwatʼiyi dzáná ágùjàg. Ùwatʼiyi inoó ii ákʼóo-gù, inoó Dzinis Tsʼìká. Ùwatʼiyi dújú mádzásisnit.

5.

Willie Little Bear:
The Woman Who Went Back North (Part One)

Uncle Willie, they used to call him Ninàghá Tsitł'á (Little Bear) – this is his story.
    He used to make fire outside in the summertime. He would always cook out there and boil water for tea. He used to sit at his home. During the evening, when he was no longer interested in the firepit, he would stand a stick up – a forked wooden stick used for turning the wood around in the fire – right there in the middle of the firepit.
    That was a long time ago. My late mother was still around then, Dzinis Ts'ìká (Day Woman, Mary Jane Starlight). And I never realized the significance of it.

5. Ninàghá Tsitł'á:
Ts'ìká Wúnit'ósì Guminánìstití (Tłìk'í)

Willie Little Bear:
The Woman Who Went Back North (Part One)

---

131. Gínóghá Willie, Ninàghá Tsitł'á giyìsnìshí gúdinìsh – diyí miguunijà.
Uncle Willie, they used to call him Ninàghá Tsitł'á (Little Bear) – this is his story.

Gínóghá	Willie,	Ninàghá	Tsitł'á	giyìsnìshí	gúdinìsh
Uncle	Willie	Bear	Little	they-him-called	it-used-to-be

–	diyí	miguunijà.
–	this	his-story

---

132. Ts'ogha kwák'àdiláshí gúdinìsh, ámà it'iyi.
He used to make fire outside in the summertime.

Ts'ogha	kwák'àdiláshí	gúdinìsh,	ámà	it'iyi.
Outside	fire-on-he-puts	it-used-to-be	summer	then-precisely

---

133. Ùwat'iyi shaádàs?íní ùwà tú tadádishilshí, it'oósítùwà óghá.
He would always cook out there and boil water for tea.

Ùwat'iyi	shaádàs?íní	ùwà	tú	tadádishilshí,
And-then	cook-different-things	and	water	boil-up-different-things

it'oósítùwà	óghá.
tea	for

134. Ùwat'iyi dogha sido?í gúdinìsh.
     He used to sit at his home.

Ùwat'iyi	dogha	sido?í	gúdinìsh.
And-then	his-own-home	he-is-sitting	it-used-to-be

135. Ùwat'iyi xìł gwágùná-hí it'iyi, át'íyí mikùk'a ii dúgwaghàyìnití guwa,
     During the evening, when he was no longer interested in the firepit, he would

Ùwat'iyi	xìł	gwágùná-hí	it'iyi,	át'íyí
And-then	early-evening	like-it-becomes	then-precisely	that-precisely

mikùk'a	ii	dúgwaghàyìnití	guwa,
his-fireplace	the-one	not-about-he-bothers	there-at

136. iyí yìsíla – ichi naádínásgisí ásch'anísk'òłí – át'íyí tázák'a gustiyà nàyidichishí gúdinìsh.
     stand a stick up – a forked wooden stick used for turning the wood around in the fire – right there in the middle of the firepit.

iyí	yìsíla	–	ichi	naádínásgisí	ásch'anísk'òłí
that	it-with	–	wood	around-it-he-pokes	apart-it-is-forked

–	át'íyí	tázák'a	gustiyà
–	that-precisely	middle	right-there

nàyidichishí		gúdinìsh.
upright-it-he-sticks-in-the-ground		it-used-to-be

137. Ùwat'iyi dzáná águjàg.
     That was a long time ago.

Ùwat'iyi	dzáná	águjàg.
And-then	long-time	it-became

138. Ùwat'iyi inoó ii ák'óo-gù, inoó Dzinis Ts'ìká.
My late mother was still around then, Dzinis Ts'ìká
(*Day Woman, Mary Jane Starlight*).

Ùwat'iyi	inoó	ii	ák'óo-gù,	inoó
And-then	mother	the-one-that-was	yet-then	mother

Dzinis	Ts'ìká.
Day	Woman

139. Ùwat'iyi dújú mádzásisnit.
And I never realized the significance of it.

Ùwat'iyi	dújú	mádzásisnit.
And-then	not-also	it-I-was-aware-of

5.

Ninàghá Tsitł'á:
Ts'ìká Wúnit'ósì Guminánìstití (Akíyí)

Át'íyí átłík'àyaàdál. Ùwà dìní-yiná, Tsá Diná iyi Oregon, at'iyi guts'i nàginíya, dìní àkíná xàlíkúwá. Tututunne dúlada Tututni gimìsts'inìsh. Ùwà át'íyí-ná jú nihínóghà gugániizh-la.

Dìní akíná xàlíkúwá ii gimiguunijà, xagini: "Dzáná-gù," ìsni tłìk'í, "ùwà naání, nuwà wúnit'ósì, at'iyi ts'ánáł-la," gini, "iyí tsá k'àsónà. Nuwà wúnigà ts'ánáł-la," ìsni. "Ùwat'iyi ts'ítłóní át'a," igídíní jú, gini.

Ùwat'iyi dìní ts'ìdoó tsitł'á ànàdìstł'ó-la. Ùwat'iyi móó ii yákó nááditósh-la.

Ùwat'iyi át'íyí móó ùwà mitò ii xagiyìsní-la: "Idáagù! Idáagù, gimánánaàdàł. Ùwána, guminánìsiìtid," giyìsní-la.

Ùwat'iyi: "Chàà," ìsní-la. "Chàà, mákó t'ónánishó-hí át'a," ìsní-la. "Tiyík'á mákó niyìnísíd," ìsní-la.

"Idáagù, isdúná yinishó-hí át'a. Ts'ítłón. Ádáná yinishó-hí át'a," nágiyìsnìsh-la.

Ùwat'iyi: "Chàà. Mákó t'ónánishó-hí át'a. Chìchí mádi ást'íní át'a," gùsní-la. "Ùwà ga, nuwà wúnit'ósì guminánìstid," ìsní-la. Ùwat'iyi át'íyí ts'ìká ii nuwà wúnit'ósì guminánìstid-la.

Ùwat'iyi: "Xat'áazá," gùsní-la, "sikùnà ástłá-di, át'íyí tázák'a, iyí mìsíla, nááts'ídínìsgishí, ásch'ánísk'òłí – át'íyí tázák'a nàdischish-gulà ságunashón-gù," ìsní-la.

5.

Willie Little Bear:
The Woman Who Went Back North (Part Two)

We got together, and these two old men, Mountain People, came from Oregon. They were called Tututunne or Tututni. Those people were telling us stories, as well.

They said: "A long time ago," he said – this was the two old men's story. "And you guys, people were travelling from up north over there," they said, "along the mountains. People were travelling south there," he said. "There were many people" – they said that, as well.

This little boy got lost, and his mother kept looking for him.

Her mother and father said to her: "Never mind! Never mind, let's catch up to the other people. Come on, let's keep going," they told her.

"No," she said. "No, I am going to turn back for him," she said. "I miss him too much," she said.

"Never mind. Someone else will raise him, anyway. There are lots of people around. Someone will raise him," they kept telling her.

"No. I am going to go back for him. I can't live without him," she told them. "All right, I am going to head back north over there," she said. And so that woman headed back north over there. "But," she told them (before leaving), "wherever

Isúh Áníi / As Grandmother Said

Ùwat'iyi tłat'á diyí tsìk'ástł'á-hí, diyí diná lógha nástł'áshí, át'íyí-ná, igídíní jú, Hupa, ga, gimiguunijà. Ùwà naání Tsúut'ínà, ùwà nuwà wúnit'ósì Dinásułínì ìsgidinìsh-ná, igídíní jú gimiguunijà. Ùwà iyí Navajo, Dził Diná, át'íyí-ná í, ichi nitł'úlí, at'iyi kù gò ginitàsí ì, kùk'a nàgiyitísh, át'íyí ts'ìká gwánáyá-hí ádágá.

Chapter 5

I have made my fire, I will put a poker in the middle, one that is forked at the tip; I will stand it up in the middle of the firepit so that you know it is me," she said.

All of this travelling that I am doing, going around to people all the time – those people, too, the Hupa, well, those are their stories. We Tsuut'ina, and up north over there, the Denesųłiné, as they call themselves, they have this story, as well. And the Navajo, the Sand People, put a long stick by the fire before they go to bed so that the woman will catch up to them.

Isúh Áníi / As Grandmother Said

5. Ninàghá Tsitł'á:
Ts'ìká Wúnit'ósì Guminánìstití (Akíyí)

Willie Little Bear:
The Woman Who Went Back North (Part Two)

---

140. Át'íyí átłík'àyaàdál. Ùwà dìní-yiná, Tsá Diná iyi Oregon, at'iyi guts'i nàginíya, dìní àkíná xàlíkúwá.
We got together, and these two old men, Mountain People, came from Oregon.*

Át'íyí	átłík'àyaàdál.		Ùwà	dìní-yiná,
That-precisely	together-we-all-gathered		And	this-person-people

Tsá	Diná	iyi	Oregon,	at'iyi		guts'i
Mountain	People	there	Oregon	there-precisely		there-from

nàginíya,		dìní	àkíná	xàlíkúwá.
arrived-they-both-came		this-person	two-persons	old-people

---

141. Tututunne dúlada Tututni gimìsts'inìsh.
They were called Tututunne or Tututni.

Tututunne	dúlada	Tututni	gimìsts'inìsh.
Tututunne	or	Tututni	them-someone-calls

---

142. Ùwà át'íyí-ná jú nihínóghà gugániizh-la.
Those people were telling us stories, as well.

Ùwà	át'íyí-ná	jú	nihínóghà
Now	those-precisely-persons	also	us-at

gugániizh-la.
they-both-talked-it-was

---

* This meeting took place at a Dene gathering hosted by the Tsuut'ina Nation at the Port O'Call Inn in Calgary, Alberta. The two men referred to here were Tututunne or Tututni from Eugene, Oregon (*Bruce Starlight, March 20, 2023*).

Chapter 5

143. Dìní akíná xàlíkúwá ii gimiguunijà, xagini: "Dzáná-gù," ìsni tłìk'í, "ùwà naání, nuwà wúnit'ósì, at'iyi ts'ánáł-la," gini, "iyí tsá k'àsónà.
They said: "A long time ago," he said – this was the two old men's story. "And you guys, people were travelling from up north over there," they said, "along the mountains.

Dìní	akíná	xàlíkúwá	ii	gimiguunijà,
This-person	two-persons	old-people	the-ones	their-stories

xagini:	"Dzáná-gù,"	ìsni	tłìk'í,	"ùwà
this-is-how-they-said	A-long-time-ago	he-said	one-of	now

naání,	nuwà	wúnit'ósì,	at'iyi
us	over-there	north	there-precisely

ts'ánáł-la,"		gini,	"iyí
someone(pl.)-was-moving-camp-it-was		they-said	that

tsá	k'àsónà.
mountains	alongside

144. Nuwà wúnigà ts'ánáł-la," ìsni.
People were travelling south there," he said.

Nuwà	wúnigà	ts'ánáł-la,"		ìsni.
Over-there	south	someone(pl.)-was-moving-camp-it-was		he-said

145. "Ùwat'iyi ts'ítłóní át'a," igídíní jú, gini.
"There were many people" – they said that, as well.

"Ùwat'iyi	ts'ítłóní		át'a,"	igídíní
And-then	someone(pl.)-was-many		it-is	they-themselves

jú,	gini.
also	they-said

146. Ùwat'iyi dìní ts'ìdoó tsitł'á ànàdìstł'ó-la.
    This little boy got lost,

Ùwat'iyi	dìní	ts'ìdoó	tsitł'á
And-then	this-person	boy	little

ànàdìstł'ó-la.
more-than-enough-he-ran-(got-lost)-it-was

147. Ùwat'iyi móó ii yákó nááditósh-la.
    and his mother kept looking for him.

Ùwat'iyi	móó	ii	yákó
And-then	his-mother	the-one	him-for

nááditósh-la.
around-she-kept-looking-it-was

148. Ùwat'iyi át'íyí móó ùwà mitò ii xagiyìsní-la: "Idáagù!
    Her mother and father said to her: "Never mind!

Ùwat'iyi	át'íyí	móó	ùwà	mitò	ii
And-then	that-precisely	her-mother	and	her-father	the-ones

xagiyìsní-la:	"Idáagù!
this-is-how-her-to-they-said-it-was	Never-mind

149. Idáagù, gimánánaàdàł.
    Never mind, let's catch up to the other people.

Idáagù,	gimánánaàdàł.
Never-mind	them-we-will-all-catch-up-walking

150. Ùwána, guminánìsiìtid," giyìsní-la.
    Come on, let's keep going," they told her.

Ùwána,	guminánìsiìtid,"	giyìsní-la.
Come-on	there-to-again-we-will-persevere	they-her-to-said-it-was

151. Ùwat'iyi: "Chàà," ìsní-la.
"No," she said.

Ùwat'iyi:	"Chàà,"	ìsní-la.
And-then	No	she-said-it-was

152. "Chàà, mákó t'ónánishó-hí át'a," ìsní-la.
"No, I am going to turn back for him," she said.

"Chàà,	mákó	t'ónánishó-hí	át'a,"	ìsní-la.
No	him-for	back-again-I-will-walk	it-is	she-said-it-was

153. "Tiyík'á mákó niyìnísíd," ìsní-la.
"I miss him too much," she said.

"Tiyík'á	mákó	niyìnísíd,"	ìsní-la.
Too-much	him-for	I-am-lonesome	she-said-it-was

154. "Idáagù, isdúná yinishó-hí át'a. Ts'ítłón.
"Never mind. Someone else will raise him, anyway. There are lots of people around.

"Idáagù,	isdúná	yinishó-hí	át'a.
Never-mind	different-persons	him-will-raise	it-is

Ts'ítłón.
Someone(pl.)-is-many

155. Ádáná yinishó-hí át'a," nágiyìsnìsh-la.
Someone will raise him," they kept telling her.

Ádáná	yinishó-hí	át'a,"
Some-persons	him-will-raise	it-is

nágiyìsnìsh-la.
again-and-again-her-they-tell-it-was

156. Ùwat'iyi: "Chàà. Mákó t'ónánishó-hí át'a."
"No. I am going to go back for him."

Ùwat'iyi:	"Chàà.	Mákó	t'ónánishó-hí	át'a.
And-then	No	Him-for	back-again-I-will-walk	it-is

157. Chìchí mádi ást'íní át'a," gùsní-la.
I can't live without him," she told them.

Chìchí	mádi	ást'íní	át'a,"	gùsní-la.
Unable-to	him-without	I-will-live	it-is	them-to-she-said-it-was

158. "Ùwà ga, nuwà wúnit'ósì guminánìstid," ìsní-la.
"All right, I am going to head back north over there," she said.

"Ùwà	ga,	nuwà	wúnit'ósì	guminánìstid,"
Now	well	over-there	north	there-to-I-will-persevere

ìsní-la.
she-said-it-was

159. Ùwat'iyi át'íyí ts'ìká ii nuwà wúnit'ósì guminánìstid-la.
And so that woman headed back north over there.

Ùwat'iyi	át'íyí	ts'ìká	ii	nuwà	wúnit'ósì
And-then	that-precisely	woman	the-one	over-there	north

guminánìstid-la.
there-to-she-persevered-it-was

160. Ùwat'iyi: "Xat'áazá," gùsní-la, "sikùnà ástłá-di, át'íyí tázák'a, iyí mìsíla, nááts'ídínìsgishí, ásch'ánísk'òłí – át'íyí tázák'a nàdischish-gulà ságunashón-gù," ìsní-la.
"But," she told them (before leaving), "wherever I have made my fire, I will put a poker in the middle, one that is forked at the tip; I will stand it up in the middle of the firepit so that you know it is me," she said.

Ùwat'iyi:	"Xat'áazá,"	gùsní-la,		"sikùnà
And-then	However	them-to-she-said-it-was		my-fire

ástłá-di,	át'íyí	tázák'a,	iyí	mìsíla,
it-I-make-place	that-precisely	middle	that	it-with

nááts'ídínìsgishí,	ásch'ánísk'òłí	–	át'íyí
around-someone-pokes	apart-it-is-forked	–	that-precisely

tázák'a	nàdischish-gulà
middle	upright-it-I-will-stick-in-the-ground-will

ságunashón-gù,"		ìsní-la.
me-about-you-both-will-know-in-order-to		she-said-it-was

161. Ùwat'iyi tłat'á diyí tsìk'ástł'á-hí, diyí diná lógha nástł'áshí, át'íyí-ná, igídíní jú, Hupa, ga, gimiguunijà.
All of this travelling that I am doing, going around to people all the time – those people, too, the Hupa, well, those are their stories.

Ùwat'iyi	tłat'á	diyí	tsìk'ástł'á-hí,	diyí	diná	lógha
And-then	all	this	all-over-I-travel	this	people	around

nástł'áshí,	át'íyí-ná,	igídíní	jú,
again-and-again-I-drive	those-precisely-persons	they-themselves	also

Hupa,	ga,	gimiguunijà.
Hupa	well	their-story

Isúh Áníí / As Grandmother Said

162. Ùwà naání Tsúut'ínà, ùwà nuwà wúnit'ósì Dinásułíní
ìsgidinìsh-ná, igídíní jú gimiguunijà.
We Tsuut'ina, and up north over there, the Denesųłiné, *as they call themselves, they have this story, as well.*

Ùwà	naání	Tsúut'ínà,	ùwà	nuwà	wúnit'ósì	Dinásułíní
And	us	Tsuut'ina	and	over-there	north	Denesųłiné

ìsgidinìsh-ná,		igídíní		jú	gimiguunijà.
themselves-they-call-persons		they-themselves		also	their-story

163. Ùwà iyí Navajo, Dził Diná, át'íyí-ná í, ichi nitł'úlí, at'iyi kù gò ginitàsí ì, kùk'a nàgiyitísh, át'íyí ts'ìká gwánáyá-hí ádágá.
And the Navajo, the Sand People, put a long stick by the fire before they go to bed so that the woman will catch up to them.

Ùwà	iyí	Navajo,	Dził	Diná,	át'íyí-ná
And	those	Navajo	Sand	People	those-precisely-persons

í,		ichi	nitł'úlí,	at'iyi	kù	gò
on-the-other-hand		stick	it-is-long	there-precisely	fire	beside

ginitàsí		ì,	kùk'a	nàgiyitísh,	
they-will-sleep		before	fire-place	they-put-it-sticklike-down	

át'íyí	ts'ìká	gwánáyá-hí		ádágá.
that-precisely	woman	them-at-she-will-walk		in-preparation-for

6.

Tsúut'ínà Goòjí Tonídátł'í K'àsì

● ● ● ● ● ● ● ● ● ● ● ● ● ●

How the Tsuut'ina Met the Blackfoot

6.

Tsúut'ínà Goòjí Tonídátł'í K'àsì

Ùwà dìní Tsúut'ínà Goòjí tonaàdál. Ga, Tsúut'ínà dúdàgústł'ìsí át'a. Nahaádàguts'íshón, át'íyí diná dúʔàdànásaàjidí. Ùwat'iyi dìní Goòjí tonaàdál – ástsá, isúh áa guunijà.
   Gánáł-la, daát'íyí wúnìgaák'àsì. Ùwat'iyi ást'ògisnó-la. Ùwat'iyi dìní diná nàdàdiyítł'úlí gimits'ì ts'águsid-la. Ástłá-ká dzánádà doo, gùstł'àsh-di – dzánádà ástłá-ká gúlín-la. Ùwat'iyi ts'águgìsid-la. Ùwat'iyi gimìsíla átłígíyidál. Ùwat'iyi chìchí Tsúut'ínà oghàch'águgisdà-ła, dìní gùsdál-ná ii. Tsúut'ínà ii gughàch'águsdày-la. Ùwat'iyi tách'ánágúgínìswùd-la.
   Ùwat'iyi ách'á Goòjí-tii-la. Ùwat'iyi isúh ánìi: "Át'íyí dósa át'a, Goòjí-tii gimìsdaànìshí. Át'íyí-ná ástsá tidìsaàdátł'. Ùwà iyi-ná ánìsts'ì, Goòjí doo Tú Yìk'a Nóghàgùsjó-di. Doóní Tsisgò, at'iyi ts'íyà, at'iyi át'a, gimitonaàdátł'í," ìsni. Ùwat'iyi ítłinájùnáá ádàts'ílàg. Ga, gùja, diná dúʔàdànásaàjidí dósa, nihitsìgìlì-hí. Át'íyí giminídza át'a, ádàyaàt'ìní. Ùwat'iyi ítłigò nádàgidiniich'íshí ìsíla, dáta ìsíla dànaàts'ìsdlàdz.

6.

How the Tsuut'ina Met the Blackfoot

When we Tsuut'ina met the Blackfoot, the Tsuut'ina were not afraid. It was widely known that we were not afraid of anyone. When we met the Blackfoot–first, my grandmother's story.
    They were travelling here towards the south, and when they stopped moving camp, these tall people charged towards them. There were already horses here on the prairies. They rushed up to them and they fought one another, but the ones that had attacked them en masse couldn't defeat the Tsuut'ina. The Tsuut'ina won and chased them away.
    Here, it was the Kainai. My grandmother said: "That is why we call them Goòjí-tii ("the Real Blackfoot"). They were the first ones that we met along the way. The Siksika were next, here at Blackfoot Crossing. To the east of the Bow River is where we met them," she said. Then they formed a peaceful kinship relationship with one another. Well, good, because we weren't afraid of anyone, and because they were going to need our help. It is there that we all stayed among them. And, as they all intermarried with each other, we were all initiated into different societies and ceremonies.

Isúh Áníi / As Grandmother Said

6. Tsúut'ínà Goòjí Tonídátł'í K'àsì

How the Tsuut'ina Met the Blackfoot

---

164. Ùwà dìní Tsúut'ínà Goòjí tonaàdál.
When we Tsuut'ina met the Blackfoot,

Ùwà	dìní	Tsúut'ínà	Goòjí	tonaàdál.
Now	these-persons	Tsuut'ina	Blackfoot	among-we-all-walked

---

165. Ga, Tsúut'ínà dúdàgústł'ìsí át'a.
the Tsuut'ina were not afraid.

Ga,	Tsúut'ínà	dúdàgústł'ìsí	át'a.
Well	Tsuut'ina	not-each-and-every-one-holds-back	it-is

---

166. Nahaádàguts'íshón, át'íyí diná dúʔàdànásaàjidí.
It was widely known that we were not afraid of anyone.

Nahaádàguts'íshón,	át'íyí	diná
Us-each-and-every-one-knows	that-precisely	people

dúʔàdànásaàjidí.
not-of-each-and-every-one-we-are-afraid

---

167. Ùwat'iyi dìní Goòjí tonaàdál – ástsá, isúh áa guunijà.
When we met the Blackfoot – first, my grandmother's story.

Ùwat'iyi	dìní	Goòjí	tonaàdál	–
And-then	these-persons	Blackfoot	among-we-all-walked	–

ástsá,	isúh	áa	guunijà.
first	granny	own	stories

Chapter 6

168. Gánáł-la, daát'íyí wúnìgaák'àsì.
They were travelling here towards the south,

Gánáł-la,	daát'íyí	wúnìgaák'àsì.
They-are-moving-camp-it-was	this-precisely	south-that-way

169. Ùwat'iyi ást'ògisnó-la.
and when they stopped moving camp,

Ùwat'iyi	ást'ògisnó-la.
And-then	stopped-they-moved-camp-it-was

170. Ùwat'iyi dìní diná nàdàdiyítł'úlí gimits'ì ts'águsid-la.
these tall people charged towards them.

Ùwat'iyi	dìní	diná	nàdàdiyítł'úlí
And-then	these-persons	people	upright-each-and-every-one-is-tall

gimits'ì	ts'águsid-la.
them-to	on-top-above-them-rushed-it-was

171. Ástłá-ká dzánádà doo, gùstł'àsh-di – dzánádà ástłá-ká gúlín-la.
There were already horses here on the prairies.

Ástłá-ká	dzánádà	doo,	gùstł'àsh-di	–	dzánádà
Horse-the-ones	already	here	plains-place	–	already

ástłá-ká	gúlín-la.
horse-the-ones	there-is-it-was

172. Ùwat'iyi ts'águgìsid-la. Ùwat'iyi gimìsíla átłígíyidál.
They rushed up to them and they fought one another,

Ùwat'iyi	ts'águgìsid-la.	Ùwat'iyi	gimìsíla
And-then	up-above-they-rode-it-was	And-then	them-with

átłígíyidál.
each-other-they-fought

173. Ùwat'iyi chìchí Tsúut'ínà oghàch'águgisdà-ła, dìní
 gùsdál-ná ii.
 but the ones that had attacked them en masse couldn't defeat the Tsuut'ina.

Ùwat'iyi	chìchí	Tsúut'ínà	oghàch'águgisdà-ła,
And-then	unable-to	Tsuut'ina	to-their-detriment-them-they-win-it-was

dìní	gùsdál-ná		ii.
these-persons	them-advanced-to-fight-persons		the-ones

174. Tsúut'ínà ii gughàch'ágùsdày-la. Ùwat'iyi tách'ánágúgínìswùd-la.
 The Tsuut'ina won and chased them away.

Tsúut'ínà	ii	gughàch'ágùsdày-la.	Ùwat'iyi
Tsuut'ina	the-ones	to-their-detriment-they-won-it-was	And-then

tách'ánágúgínìswùd-la.
away-from-again-them-they-chased-it-was

175. Ùwat'iyi ách'á Goòjí-tii-la.
 Here, it was the Kainai.

Ùwat'iyi	ách'á	Goòjí-tii-la.
And-then	it-just-so-happened	Blackfoot-real-it-was

176. Ùwat'iyi isúh áníi: "Át'íyí dósa át'a, Goòjí-tii gimìsdaànìshí.
 My grandmother said: "That is why we call them Goòjí-tii *("the Real Blackfoot").*

Ùwat'iyi	isúh	áníi:	"Át'íyí	dósa	át'a,
And-then	granny	she-says	That-precisely	because-of	it-is

Goòjí-tii	gimìsdaànìshí.
Blackfoot-real	them-we-call

Chapter 6

177. **Át'íyí-ná ástsá tidìsaàdátł'.**
     They were the first ones that we met along the way.

Át'íyí-ná	ástsá	tidìsaàdátł'.
Those-precisely-persons	first	path-place-we-all-walked-(met)

178. **Ùwà iyi-ná ánìsts'ì, Goòjí doo Tú Yìk'a Nóghàgùsjó-di.**
     The Siksika were next, here at Blackfoot Crossing.

Ùwà	iyi-ná	ánìsts'ì,	Goòjí	doo	Tú	Yìk'a
Now	those-persons	at-the-end	Blackfoot	here	Water	Under

Nóghàgùsjó-di.
Across-it-(path)-goes-place

179. **Doóní Tsisgò, at'iyi ts'íyà, at'iyi át'a, gimitonaàdátł'í," ìsni.**
     To the east of the Bow River is where we met them," she said.

Doóní	Tsisgò,	at'iyi	ts'íyà,	at'iyi	át'a,
Bow	River	there-precisely	east	there-precisely	it-is

gimitonaàdátł'í,"	ìsni.
them-among-we-all-walked	she-said

180. **Ùwat'iyi ítłinájùnáá ádàts'ílàg.**
     Then they formed a peaceful kinship relationship with one another.

Ùwat'iyi	ítłinájùnáá
And-then	each-other's-relatives

ádàts'ílàg.
of-each-and-every-one-someone(pl.)-made

181. Ga, gùja, diná dú?àdànásaàjidí dósa, nihitsìgìlì-hí.
Well, good, because we weren't afraid of anyone, and because they were going to need our help.

Ga,	gùja,	diná	dú?àdànásaàjidí
Well	good	people	not-of-each-and-every-one-we-fear

dósa,	nihitsìgìlì-hí.
because-of	us-they-ask

182. Át'íyí giminídza át'a, ádàyaàt'ìní.
It is there that we all stayed among them.

Át'íyí	giminídza	át'a,	ádàyaàt'ìní.
That-precisely	them-among	it-is	at-each-and-every-one-lived

183. Ùwat'iyi ítłigò nádàgidiniich'íshí ìsíla, dáta ìsíla dànaàts'ìsdlàdz.
And, as they all intermarried with each other, we were all initiated into different societies and ceremonies.

Ùwat'iyi	ítłigò	nádàgidiniich'íshí
And-then	each-other-beside	each-and-every-one-they-all-sit-(marry)

ìsíla,	dáta	ìsíla
it-with	different-things	it-with

dànaàts'ìsdlàdz.
each-and-every-one-us-someone(pl.)-transferred

7.

Tsúut'ínà Dìtł'ìshà

• • • • • • • • • • • • • • • • •

Tsuut'ina Societies

7.

Tsúut'ínà Dìtł'ìshà

Ùwà Tłíkúwúmò-hà, át'íyí ii, xá! Dàts'inìsh-dà ... Tłích'á-ká Nàmò-hí, "Brave Dogs," Goòjí-ná t'ágà. Át'íyí-ná tsasdina. Ùwat'iyi Tsìnaat'iyí Ch'àdít'aá – át'íyí dá-hí sáátòn, Tsìnaat'iyí Ch'àdít'aá. Át'íyí guxàkíjà, át'íyí tsináyit'à-ná ii, ts'ìká ik'àsì dináyílò?í, át'íyí tsináyit'à-hí zida, diná ch'àdít'a?í tsììlìsh. Ts'ìká ii ch'àdít'aá ii nosa nidósh. Ùwat'iyi yitsì k'a tadinish. "Ùwà!" "Gudinát!" yìsnìsh.
Tłat'á-hí nààtł'ó-di guts'i yágúshóní, tłat'á k'águuniizh. Iyí sidoó ìsíla at'iyi tłat'á-hí k'águuniizh. Ùwat'iyi kàdàłí it'iyi, át'íyí ch'àdít'aá ii mílò ii dinidlààz. "Aakù, aakù!" yìsnìsh. "Ts'áxáguyinát!" "Naátsá-hí át'a," yìsnìsh. "Ts'áxáguyinát!" Ùwat'iyi mílò gùja ánát'ìsh, ts'áxáguyìnátí it'iyi. K'àgunásh. Ùwat'iyi at'iyi guwa, át'íyí ts'ìká – móghá ii, át'íyí Tsìsdaatł'uwí tłat'á gùja nàdàts'íyinish.
Ùwà iyí jú Nájùnáá Ás?ìsh-ná, át'íyí-ná ii, isgiyá-yiná. Ùwat'iyi taxàshigidìsnò-hí it'iyi, nuwà ts'áts'i ágit'ín. Dú?iyí átłák'àts'iyínó-di. Dú?at'iyi ágit'ín. Nuwi ts'áts'i ágit'ín. Ùwat'iyi xats'inìsh: "Ùwà! Nájùnáá Águs?ìsh-ná tadìdàł," ginìsh it'iyi, iyí k'oo ts'ìkúwá ii tsígídiyish. Tíyík'á gimìstatł'ìdí ìlì. Ùwat'iyi kúúgínidosh. Ùwat'iyi gimíts'íyijłí ìsíla, kúúgínìdosh. Ùwat'iyi iyí kùwa gulógha, iyí it'oókúwá ùwà ts'ìkúwá dútsídàdìsyiiz-ná ii, át'íyí-ná gimidimílà

7.

Tsuut'ina Societies

"Dogs That Go to War" – those ones, wait! What did they call them... "Warring Dogs," "Brave Dogs," like the Blackfoot. Those people (are) alone.

And the Holy Headdress – it is with me now, that Holy Headdress. When (preparing to) put on the headdress, the leaders, those women who put the hats on, ask a medicine man for help (in confirming the testimony of) the woman who has lived a good life. The woman sits down in front of the medicine man. When he puts his hand on her head, (he says): "All right!" "Speak!" he tells her.

She talks about everything that she remembers from the time that she was born. The one who is sitting now talks about it all, and whenever she tells a lie, that medicine man's hands start to tremble. "That's enough, that's enough!" he tells her. "Straighten out what you're saying!" "You are going to put on a Sun Dance," he tells her. "Straighten out what you're saying!" And then his hands would get better once she had straightened out what she was saying. She finishes talking. And then that woman – everything would be put in place properly for her for the Sun Dance.

And those ones, too, the ones who make relatives of people, are bachelors. When they start to dance, they stay

k'izanaastón-la. Ùwat'iyi ígínádòłí ìsíla, át'íyí k'àt'únághá
ii kúdàgugìstsid gimits'àya gùlòt-gù. Ùwat'iyi át'íyí-ná át'a,
Nájùnáá Ás?ìsh-ná.
    Ùwà iyí-yiná, "Dáł" – Dáł-yiná, át'íyí í dú?ik'àsì
gimágunishón. Át'íyí-ná jú tagidìdìlsh.
    Ùwà "Ts'í" – át'íyí Ts'í ts'ìdoná-ká tsitł'á. Ùwat'iyi át'íyí-ná
taxàshigidìsnòsh. Ùwat'iyi gimiyinà gúlíní át'a, iyí gijiní ìlì,
át'íyí gimóghá kùwa nàts'inist'ìsh. K'àgíjí-hí it'iyi: "Ùwà! Ts'í
xaatàs!" ts'inìsh. Ùwat'iyi át'íyí ts'ìdoná-ká tsitł'á ii ístłí-ká
k'a tadàgidiniich'ísh. Ùwat'iyi ichi lógha dit'óní kágònà, at'iyi
dáyítł'ún-la. Ùwat'iyi át'íyí diná to gidììtìy-la. Gugásáłí ìlì ts'í
à?í. Ts'í ii: "Zzz!" ginìshí ìsíla, gugásáł. Ùwat'iyi dúgugònà
k'aats'idiloó it'iyi, tiya gwàgidichiizh. "Ùwà iyí gidigònà
k'aagidiló-ná ii k'àzìgù zá gwàgugidichijí át'a," ìsnìsh, isúh ii.
Ùwà iyí tłat'á ànaágídíyiní-hí it'iyi, iyí tiya dàgiyìsgud-ná ii
gughàdàgugistł'ásh.
    Ùwà iyí, dàgimìsts'inìsh-dà? "Tósgùná" – át'íyí Tósgùná
í, áginíi, át'íyí-ná jú ts'áts'i. Ùwat'iyi át'íyí-ná gústłi,
giminósáts'ìyá-hí it'iyi, gugìschúdí it'iyi, iyí ts'it'óní ii. Tłat'á
gugha guts'íto ii taágínìsch'ulsh. Ùwat'iyi tàdàgiyit'òsh.
Ùwat'iyi gughanágiyilásh. Ùwat'iyi ást'ádi nàgugistásh,
giminósáts'ìyá-hí it'iyi. Ùwat'iyi át'íyí-ná ii – át'íyí-ná át'a, iyí
Naats'itsá-ti at'iyi ástsá guk'ágínìtóshí.
    Ùwà iyí nàts'íná-hí it'iyi, dúgimik'asónà áts'it'íní it'iyi,
gukùwa ii nàtsígíníyìsh. Dúk'àzìgù, xat'áa nàtsígúgíníyìsh.
Ùwà xanáná-hí it'iyi, iyí kùwa ii tàdàgit'òsh. Ùwat'iyi
tách'águginiwuuzh, át'íyí Tósgùná.
    Át'íyí-ná ii guts'ìsdàłí it'iyi, tłàyíst'à iyí kùwa ii
guk'anàgínò. Át'íyí dúkúts'iyá-hí, ùwà dúxàts'iyá-hí, át'íyí
kùwa. Tła?íi guk'anàginò?í ìlì. Ùwat'iyi át'íyí xagùt'a. Ùwà
át'íyí-yiná gimogháts'ìyáá ts'iyinízìní it'iyi, gúnóghá ginìsh.
Ùwat'iyi guk'àsdátina ágíná-hí it'iyi, dúdinágugis?ìsh, át'íyí
Tósgùná. Át'íyí dósa át'a, dá-hí diyí naahóghá dáta naágust'iní
"Tósgùná" gimìsts'inìshí.

Chapter 7

on the outside over there, not where people were camping together. They wouldn't stay there; they would stay over there outside (of camp). They would say: "All right! The ones that make relatives are going to dance," they would say, and the young women would run away. They are certainly too ugly. And then the young men would dance in. They would dance in, singing for them as they went. And around those teepees, the women and the girls who did not run away would leave their doorflaps open. And while they were dancing, the men would be pushing them (the bachelors) into the teepees so that they would get a wife. Those are the ones (who do that), the ones who make relatives of people.

And those ones, the "Doves" – I do not really know about the Doves, but they dance, as well.

And the "Mosquitos" – those Mosquitos are young people. Those ones dance. They have a song that they really sing (as) a teepee is being put up for them. When they finish singing: "All right! Mosquitos, swarm!" they would say. And then those little boys and girls would get on horseback and tie an eagle talon onto the end of a stick. And they would go hurrying out among the people. They would just be chasing them like mosquitos. The Mosquitos would chase after them, saying "zzz!" And if you didn't uncover your arms, they would really poke you. "And those with their arms uncovered, they would only poke at them very gently," my grandmother always said. Whenever they started giving things away (in a give-away), they would gift all the ones that they had poked sharply.

And those, what are they called? "Tósgùná" (Black Soldiers). Those Black Soldiers, they say, are also ones (that stay) on the outside. I think those are the ones who, if you passed in front of them, would grab whatever you had on. They would rip all of it off of your body, cut it up, and then give it back to you. They would leave them naked for walking in front of them. Those ones – those are the ones who first find where to put the centre pole (for putting on a Sun Dance).

And when you set camp, if you don't do what they tell you, they shake your teepee. And not gently – they would really shake it. Sometimes the Black Soldiers would cut the tent up and chase those people away.

When there was an attack, they would camp around the teepees right away, so that no one could come in or go out from the camp. They would certainly protect it right away. That is how it was. When you wanted to pass those people, you would tell them (that you wished to pass in front of them). And when they (i.e., other people) went against their wishes, the Black Soldiers would beat them up. That is why the ones that do those things for us nowadays are called the "Tósgùná" (police).

7. Tsúut'ínà Dìtɬ'ìshà

Tsuut'ina Societies

---

184. Ùwà Tɬíkúwúmò-hà, át'íyí ii, xá! Dàts'inìsh-dà...
"Dogs That Go to War" – those ones, wait! What did they call them...

Ùwà	Tɬíkúwúmò-hà,	át'íyí	ii,	xá!
And	Dogs-That-Go-to-War	that-precisely	the-one	wait

Dàts'inìsh-dà...
How-is-it-called...

---

185. Tɬích'á-ká Nàmò-hí, "Brave Dogs," Goòjí-ná t'ágà.
"Warring Dogs," "Brave Dogs," like the Blackfoot.

Tɬích'á-ká	Nàmò-hí,	'Brave	Dogs,'
Dog-the-ones	He-goes-to-war-the-one	Brave	Dogs

Goòjí-ná	t'ágà.
Blackfoot-persons	it-like

---

186. Át'íyí-ná tsasdina.
Those people (are) alone.

Át'íyí-ná	tsasdina.
Those-precisely-persons	are-alone

187. Ùwat'iyi Tsìnaat'iyí Ch'àdít'aá – át'íyí dá-hí sáátòn, Tsìnaat'iyí Ch'àdít'aá.
   And the Holy Headdress – it is with me now, that Holy Headdress.

Ùwat'iyi	Tsìnaat'iyí	Ch'àdít'aá	–	át'íyí	dá-hí
And-then	Headdress	It-is-Holy	–	that-precisely	right-now

sáátòn,	Tsìnaat'iyí	Ch'àdít'aá.
me-with	Headdress	It-is-Holy

188. Át'íyí guxàkíjà, át'íyí tsináyit'à-ná ii, ts'ìká ik'àsì dináyílò?í, át'íyí tsináyit'à-hí zida, diná ch'àdít'a?í tsììlìsh.
   When (preparing to) put on the headdress, the leaders, those women who put the hats on, ask a medicine man for help (in confirming the testimony of) the woman who has lived a good life.

Át'íyí	guxàkíjà,		át'íyí		
That-precisely	someone's-main-item		that-precisely		

tsináyit'à-ná	ii,	ts'ìká	ik'àsì	dináyílò?í,
head-on-she-puts-persons	the-one	woman	good-way	she-lived

át'íyí	tsináyit'à-hí	zida,	diná	ch'àdít'a?í
that-precisely	head-on-she-will-put	before-that	person	he-is-holy

tsììlìsh.
she-asks-for-help

189. Ts'ìká ii ch'àdít'aá ii nosa nidósh. Ùwat'iyi yitsì k'a tadinish. "Ùwà!"
   The woman sits down in front of the medicine man. When he puts his hand on her head, (he says): "All right!"

Ts'ìká	ii	ch'àdít'aá	ii	nosa	nidósh.
Woman	the-one	Holy-Man	the-one	in-front-of	she-sits

Ùwat'iyi	yitsì	k'a	tadinish.		"Ùwà!"
And-then	her-head	upon	he-puts-his-hand		Now

Chapter 7

190. **"Gudinát!" yìsnìsh.**
"Speak!" he tells her.

"Gudinát!"	yìsnìsh.
You-start-to-speak	to-her-he-says

191. **Tłat'á-hí nààtł'ó-di guts'i yágúshóní, tłat'á k'águuniizh.**
She talks about everything that she remembers from the time that she was born.

Tłat'á-hí	nààtł'ó-di	guts'i	yágúshóní,	tłat'á
All-the-ones	she-is-born-then	there-from	it-she-knows	all

k'águuniizh.
completely-she-tells

192. **Iyí sidoó ìsíla at'iyi tłat'á-hí k'águuniizh.**
The one who is sitting now talks about it all,

Iyí	sidoó	ìsíla	at'iyi	tłat'á-hí
That	she-is-sitting	it-with	there-precisely	everything-that-is

k'águuniizh.
completely-she-tells

193. **Ùwat'iyi kàdàłí it'iyi, át'íyí ch'àdít'aá ii mílò ii dinidlààz.**
and whenever she tells a lie, that medicine man's hands start to tremble.

Ùwat'iyi	kàdàłí	it'iyi,	át'íyí	ch'àdít'aá
And-then	she-is-lying	then-precisely	that-precisely	Holy-Man

ii	mílò	ii	dinidlààz.
the-one	his-hands	the-one	it-shakes

194. **"Aakù, aakù!"** yìsnìsh. **"Ts'áxáguyinát!"**
 "That's enough, that's enough!" he tells her. "Straighten out what you're saying!"

"Aakù,	aakù!"	yìsnìsh.	"Ts'áxáguyinát!"
Enough	enough	her-he-tells	Straighten-out-your-speech

195. **"Naátsá-hí át'a,"** yìsnìsh. **"Ts'áxáguyinát!"**
 "You are going to put on a Sun Dance," he tells her. "Straighten out what you're saying!"

"Naátsá-hí	át'a,"	yìsnìsh.
Upright-you-are-putting-something-(a-Sun-Dance)	it-is	her-he-tells

"Ts'áxáguyinát!"
Straighten-out-your-speech

196. **Ùwat'iyi mílò gùja ánát'ìsh, ts'áxáguyìnátí it'iyi.**
 And then his hands would get better once she had straightened out what she was saying.

Ùwat'iyi	mílò	gùja	ánát'ìsh,
And-then	his-hands	good	again-it-becomes

ts'áxáguyìnátí	it'iyi.
straightens-out-her-speech	then-precisely

197. **K'àgunásh.**
 She finishes talking.

K'àgunásh.
Finished-she-speaks

198. Ùwat'iyi at'iyi guwa, át'íyí ts'ìká – móghá ii, át'íyí
Tsìsdaatł'uwí tłat'á gùja nàdàts'íyinish.
And then that woman – everything would be put in place properly for her for the Sun Dance.

Ùwat'iyi	at'iyi	guwa,	át'íyí	ts'ìká	–
And-then	then-precisely	there-at	that-precisely	woman	–

móghá	ii,	át'íyí	Tsìsdaatł'uwí	tłat'á
her-for	the-one	that-precisely	Sun-Dance	all

gùja	nàdàts'íyinish.
good	to-a-point-each-and-every-thing-is-put

199. Ùwà iyí jú Nájùnáá Ás?ìsh-ná, át'íyí-ná ii, isgiyá-yiná.
And those ones, too, the ones who make relatives of people, are bachelors.

Ùwà	iyí	jú	Nájùnáá	Ás?ìsh-ná,
And	those	also	Relatives	Of-they-make-persons

át'íyí-ná	ii,	isgiyá-yiná.
those-precisely-persons	the-ones	bachelor-people

200. Ùwat'iyi taxàshigidìsnò-hí it'iyi, nuwà ts'áts'i ágit'ín.
When they start to dance, they stay on the outside over there,

Ùwat'iyi	taxàshigidìsnò-hí	it'iyi,	nuwà
And-then	they-start-to-dance	then-precisely	over-there

ts'áts'i	ágit'ín.
outside-of	at-they-are

201. Dú?iyí átłák'àts'iyínó-di. Dú?at'iyi ágit'ín. Nuwi
 ts'áts'i ágit'ín.
 *not where people were camping together. They wouldn't stay
 there; they would stay over there outside (of camp).*

Dú?iyí	átłák'àts'iyínó-di.			Dú?at'iyi
Not-that	together-someone-gathered-camping-place			Not-there-precisely

ágit'ín.	Nuwi	ts'áts'i	ágit'ín.
at-they-are	Over-there	outside-of	at-they-are

202. Ùwat'iyi xats'inìsh: "Ùwà!
 They would say: "Alright!

Ùwat'iyi	xats'inìsh:	"Ùwà!
And-then	this-is-how-someone-says	Now

203. Nájùnáá Águs?ìsh-ná tadìdàł," ginìsh it'iyi, iyí k'oo ts'ìkúwá
 ii tsígídiyish.
 *The ones that make relatives are going to dance," they
 would say, and the young women would run away.*

Nájùnáá	Águs?ìsh-ná	tadìdàł,"	ginìsh
Relatives	Of-they-make-persons	all-will-dance	they-say

it'iyi,	iyí	k'oo	ts'ìkúwá	ii	tsígídiyish.
then-precisely	those	new	women	the-ones	in-fear-they-run

204. Tíyík'á gimìstatł'ìdí ìlì.
 They are certainly too ugly.

Tíyík'á	gimìstatł'ìdí	ìlì.
Too-much	them-are-homely	it-seemed

205. Ùwat'iyi kúúgínidosh. Ùwat'iyi gimíts'íyijíłí ìsíla, kúúgínìdosh.
    And then the young men would dance in. They would dance in, singing for them as they went.

Ùwat'iyi	kúúgínidosh.	Ùwat'iyi
And-then	in-they-dance	And-then

gimíts'íyijíłí		ìsíla,	kúúgínìdosh.
them-ahead-of-someone(pl.)-is-singing		it-with	in-they-dance

206. Ùwat'iyi iyí kùwa gulógha, iyí it'oókúwá ùwà ts'ìkúwá dútsídàdìsyiiz-ná ii, át'íyí-ná gimidimílà k'izanaastón-la.
    And around those teepees, the women and the girls who did not run away would leave their doorflaps open.

Ùwat'iyi	iyí	kùwa	gulógha,	iyí	it'oókúwá	ùwà
And-then	those	teepees	around	those	girls	and

ts'ìkúwá	dútsídàdìsyiiz-ná	ii,
women	not-in-fear-each-and-every-one-raced-persons	the-ones

át'íyí-ná	gimidimílà	k'izanaastón-la.
those-precisely-persons	their-door	aside-it-is-open-it-was

207. Ùwat'iyi ígínádòłí ìsíla, át'íyí k'àt'únághá ii kúdàgugìstsid gimits'àya gùlòt-gù.
    And while they were dancing, the men would be pushing them (the bachelors) into the teepees so that they would get a wife.

Ùwat'iyi	ígínádòłí	ìsíla,	át'íyí	k'àt'únághá
And-then	along-they-are-dancing	it-with	those-precisely	men

ii	kúdàgugìstsid	gimits'àya
the-ones	in-each-and-every-one-they-shove	their-wife

gùlòt-gù.
it-will-become-in-order-to

208. Ùwat'iyi át'íyí-ná át'a, Nájùnáá Ás?ìsh-ná.
Those are the ones (who do that), the ones who make relatives of people.

Ùwat'iyi	át'íyí-ná		át'a,	Nájùnáá
And-then	those-precisely-persons		it-is	Relatives

Ás?ìsh-ná.
Of-they-make-persons

209. Ùwà iyí-yiná, "Dáł" – Dáł-yiná, át'íyí í dú?ik'àsì gimágunishón.
And those ones, the "Doves" – I do not really know about the Doves,

Ùwà	iyí-yiná,	"Dáł"	–	Dáł-yiná,	át'íyí
And	those-people	Doves	–	Doves-people	those-precisely

í	dú?ik'àsì	gimágunishón.
on-the-other-hand	not-that-way	them-I-know

210. Át'íyí-ná jú tagidìdìlsh.
but they dance, as well.

Át'íyí-ná	jú	tagidìdìlsh.
Those-precisely-persons	also	they-dance

211. Ùwà "Ts'í" – át'íyí Ts'í ts'ìdoná-ká tsitł'á.
And the "Mosquitos" – those Mosquitos are young people.

Ùwà	"Ts'í"	–	át'íyí	Ts'í
And	Mosquitos	–	those-precisely	Mosquitos

ts'ìdoná-ká	tsitł'á.
children-the-ones	little

212. Ùwat'iyi át'íyí-ná taxàshigidìsnòsh.
Those ones dance.

Ùwat'iyi	át'íyí-ná	taxàshigidìsnòsh.
And-then	those-precisely-persons	they-all-start-to-dance

Chapter 7

213. Ùwat'iyi gimiyinà gúlíní át'a, iyí gijiní ìlì, át'íyí gimóghá kùwa nàts'inist'ìsh.
They have a song that they really sing (as) a teepee is being put up for them.

Ùwat'iyi	gimiyinà	gúlíní	át'a,	iyí	gijiní
And-then	their-song	there-is	it-is	those	they-are-singing

ìlì,	át'íyí	gimóghá	kùwa	nàts'inist'ìsh.
it-seems	that-precisely	them-for	teepee	upright-they-put

214. K'àgíjí-hí it'iyi: "Ùwà! Ts'í xaatàs!" ts'inìsh.
When they finish singing: "All right! Mosquitos, swarm!" they would say.

K'àgíjí-hí	it'iyi:	"Ùwà!	Ts'í
Finished-they-sing	then-precisely	Now	Mosquitos

xaatàs!"	ts'inìsh.
out-will-swarm	someone-says

215. Ùwat'iyi át'íyí ts'ìdoná-ká tsitł'á ii ístłí-ká k'a tadàgidiniich'ísh. Ùwat'iyi ichi lógha dit'óní kágònà, at'iyi dáyítł'ún-la.
And then those little boys and girls would get on horseback and tie an eagle talon onto the end of a stick.

Ùwat'iyi	át'íyí	ts'ìdoná-ká	tsitł'á	ii
And-then	those-precisely	children-the-ones	little	the-ones

ístłí-ká	k'a	tadàgidiniich'ísh.	Ùwat'iyi
horse-the-ones	on	up-on-each-and-every-one-all-mount	And-then

ichi	lógha	dit'óní	kágònà,	at'iyi
stick	at-the-end	eagle	claw	there-precisely

dáyítł'ún-la.
onto-it-is-tied-it-was

216. Ùwat'iyi át'íyí diná to gidììtìy-la. Gugásáłí ìlì ts'í à?í.
And they would go hurrying out among the people. They would just be chasing them like mosquitos.

Ùwat'iyi	át'íyí	diná	to	gidììtìy-la.
And-then	that-precisely	people	within	they-rush-out-it-was

Gugásáłí	ìlì	ts'í	à?í.
Them-they-chase	it-seems	mosquitos	like-it

217. Ts'í ii: "Zzz!" ginìshí ìsíla, gugásáł.
The Mosquitos would chase after them, saying "zzz!"

Ts'í	ii:	"Zzz!"	ginìshí	ìsíla,	gugásáł.
Mosquitos	the-ones	Zzz	they-say	it-with	them-they-chase

218. Ùwat'iyi dúgugònà k'aats'idiloó it'iyi, tiya gwàgidichiizh.
And if you didn't uncover your arms, they would really poke you.

Ùwat'iyi	dúgugònà	k'aats'idiloó	it'iyi,
And-then	not-someone's-arm	off-of-someone-takes	then-precisely

tiya	gwàgidichiizh.
very-much	them-at-they-poke

219. "Ùwà iyí gidigònà k'aagidiló-ná ii k'àzìgù zá gwàgudichijí át'a," ìsnìsh, isúh ii.
"And those with their arms uncovered, they would only poke at them very gently," my grandmother always said.

"Ùwà	iyí	gidigònà	k'aagidiló-ná	ii
And	that	their-own-arm	off-of-they-take-persons	the-ones

k'àzìgù	zá	gwàgudichijí	át'a,"	ìsnìsh,
gently-like	only	them-at-they-poke	it-is	she-keeps-saying

isúh	ii.
granny	the-one

220. Ùwà iyí tłat'á ànaágídíyiní-hí it'iyi, iyí tiya dàgiyìsgud-ná ii gughàdàgugistł'ásh.
Whenever they started giving things away (in a give-away), they would gift all the ones that they had poked sharply.

Ùwà	iyí	tłat'á	ànaágídíyiní-hí	it'iyi,	iyí
Now	those	all	away-they-give	then-precisely	those

tiya	dàgiyìsgud-ná
very-much	each-and-every-one-they-poked-persons

ii	gughàdàgugistł'ásh.
the-ones	them-at-each-and-every-one-they-gift

221. Ùwà iyí, dàgimìsts'inìsh-dà?
And those, what are they called?

Ùwà	iyí,	dàgimìsts'inìsh-dà?
And	that	how-them-you-call

222. "Tósgùná" – át'íyí Tósgùná í, áginíi, át'íyí-ná jú ts'áts'i.
"Tósgùná" (Black Soldiers). Those Black Soldiers, they say, are also ones (that stay) on the outside.

"Tósgùná"	–	át'íyí	Tósgùná	í,
Black-Soldiers	–	those-precisely	Black-Soldiers	on-the-other-hand

áginíi,	át'íyí-ná	jú	ts'áts'i.
of-they-say	those-precisely-persons	also	outer-edge

223. Ùwat'iyi át'íyí-ná gústłi, giminósáts'ìyá-hí it'iyi, gugìschúdí it'iyi, iyí ts'it'óní ii.
I think those are the ones who, if you passed in front of them, would grab whatever you had on.

Ùwat'iyi	át'íyí-ná		gústłi,
And-then	those-precisely-persons		it-must-be

giminósáts'ìyá-hí	it'iyi,	gugìschúdí
them-in-front-of-someone-walks	then-precisely	them-they-grabbed

it'iyi,	iyí	ts'it'óní	ii.
then-precisely	that	someone-is-wearing	the-one

224. Tłat'á gugha guts'íto ii taágínìsch'ulsh. Ùwat'iyi tàdàgiyit'òsh. Ùwat'iyi gughanágiyilásh.
They would rip all of it off of your body, cut it up, and then give it back to you.

Tłat'á	gugha	guts'íto	ii	taágínìsch'ulsh.
All	to-their-detriment	someone's-body	the-one	apart-they-tear

Ùwat'iyi	tàdàgiyit'òsh.	Ùwat'iyi
And-then	apart-each-and-every-one-it-they-cut	And-then

gughanágiyilásh.
them-at-to-all-give

225. Ùwat'iyi ást'ádi nàgugistásh, giminósáts'ìyá-hí it'iyi.
They would leave them naked for walking in front of them.

Ùwat'iyi	ást'ádi	nàgugistásh,
And-then	naked	them-they-make

giminósáts'ìyá-hí	it'iyi.
them-in-front-of-someone-walks	then-precisely

Chapter 7

226. Ùwat'iyi át'íyí-ná ii – át'íyí-ná át'a, iyí Naats'itsá-ti at'iyi ástsá guk'ágínìtóshí.
Those ones – those are the ones who first find where to put the centre pole (for putting on a Sun Dance).

Ùwat'iyi	át'íyí-ná	ii	–	át'íyí-ná
And-then	those-precisely-persons	the-ones	–	those-precisely-persons

át'a,	iyí	Naats'itsá-ti	at'iyi	ástsá
it-is	that	Upright-they-put-place	there-precisely	first

guk'ágínìtóshí.
there-upon-they-find

227. Ùwà iyí nàts'íná-hí it'iyi, dúgimik'asónà áts'it'íní it'iyi, gukùwa ii nàtsígíníyìsh.
And when you set camp, if you don't do what they tell you, they shake your teepee.

Ùwà	iyí	nàts'íná-hí		it'iyi,
Now	that	arrive-someone(pl.)-to-camp		then-precisely

dúgimik'asónà	áts'it'íní	it'iyi,
not-their-way-along	it-someone-is-doing	then-precisely

gukùwa	ii	nàtsígíníyìsh.
someone's-teepee	the-one	down-towards-they-break

228. Dúk'àzìgù, xat'áa nàtsígúgíníyìsh.
And not gently – they would really shake it.

Dúk'àzìgù,	xat'áa	nàtsígúgíníyìsh.
Not-slowly	just-like	down-towards-they-break

229. Ùwà xanáná-hí it'iyi, iyí kùwa ii tàdàgit'òsh.
Sometimes the Black Soldiers would cut the tent up

Ùwà	xanáná-hí	it'iyi,	iyí	kùwa
Now	this-is-how-again-they-do	then-precisely	that	teepee

ii	tàdàgit'òsh.
the-one	all-up-each-and-every-one-they-cut

230. Ùwat'iyi tách'águginiwuuzh, át'íyí Tósgùná.
    and chase those people away.

Ùwat'iyi	tách'águginiwuuzh,	át'íyí	Tósgùná.
And-then	away-from-them-they-chase	them-precisely	Black-Soldiers

231. Át'íyí-ná ii guts'ìsdàłí it'iyi, tłàyíst'à iyí kùwa ii guk'anàgínò. Át'íyí dúkúts'iyá-hí, ùwà dúxàts'iyá-hí, át'íyí kùwa.
    When there was an attack, they would camp around the teepees right away, so that no one could come in or go out from the camp.

Át'íyí-ná	ii	guts'ìsdàłí
Those-precisely-persons	the-ones	them-they-advance-upon

it'iyi,	tłàyíst'à	iyí	kùwa	ii
then-precisely	right-then	that	camp	the-one

guk'anàgínò.	Át'íyí	dúkúts'iyá-hí,	ùwà
there-upon-they-protect	That-precisely	not-in-someone-walks	and

dúxàts'iyá-hí,	át'íyí	kùwa.
not-out-someone-walks	that-precisely	camp

232. Tła?íi guk'anàgínò?í ìlì.
    They would certainly protect it right away.

Tła?íi	guk'anàgínò?í	ìlì.
Right-away	there-upon-they-protect	it-seemed

233. Ùwat'iyi át'íyí xagùt'a.
    That is how it was.

Ùwat'iyi	át'íyí	xagùt'a.
And-then	that-precisely	this-is-how-it-is

234. Ùwà át'íyí-yiná gimogháts'ìyáá ts'iyiníziní it'iyi,
     gúnóghá ginìsh.
     When you wanted to pass those people, you would tell them (that you wished to pass in front of them).

Ùwà	át'íyí-yiná	gimogháts'ìyáá
And	those-precisely-persons	them-at-someone-walks

ts'iyiníziní	it'iyi,	gúnóghá	ginìsh.
someone-wishes	then-precisely	someone-at	they-tell

235. Ùwat'iyi guk'àsdátina ágíná-hí it'iyi, dúdinágugisʔìsh,
     át'íyí Tósgùná.
     And when they (i.e., other people) went against their wishes, the Black Soldiers would beat them up.

Ùwat'iyi	guk'àsdátina	ágíná-hí	it'iyi,
And-then	them-opposite-of	of-they-do	then-precisely

dúdinágugisʔìsh,	át'íyí	Tósgùná.
not-person-them-they-make	them-precisely	Black-Soldiers

236. Át'íyí dósa át'a, dá-hí diyí naahóghá dáta naágust'iní
     "Tósgùná" gimìsts'inìshí.
     That is why the ones that do those things for us nowadays are called the "Tósgùná" (police).

Át'íyí	dósa	át'a,	dá-hí	diyí	naahóghá
That-precisely	because-of	it-is	right-now	this	us-for

dáta	naágust'iní	"Tósgùná"	gimìsts'inìshí.
different-things	of-they-work	Black-Soldiers	them-they-call

8.

Tsúut'ínà Kùwa-gutii
Oghàtł'o?í K'àsì

• • • • • • • • • • •

How the Tsuut'ina
Came to Have the Teepee

8.

Tsúut'ínà Kùwa-gutii Oghàtł'o?í K'àsì

Ùwà diyí kùwa: dìní k'àt'íní dízá ìsíla xaní-tii nàgizà-ła.
Ùwat'iyi igizìsyín-la. Ùwat'iyi gimìsíla tsídidìstłod-la.
Ùwat'iyi dízá ii xaàsní-la: "Tíyík'á gúzòd. Níní idáagù doo ánit'í," yìsní-la. "Iyí xaní-tii t'ò nitł'á. At'iyi nítà. Ùwà síní guminánìstid. Diyí álíní gwóghá ninániìlo?í óghá tsìgùsdlìt nihits'ìsì tìgidìnó-gù," yìsní-la.
Ùwat'iyi idíní ii, k'àt'íní ii guminánìstid-la. Ùwat'iyi át'íyí mízá ii kúyitł'ó-la. Ùwat'iyi gùja nàyíyìníniìzh-la, diyá-hí zida. Ùwat'iyi tłaádìnìstín-la, át'íyí ts'ìdoó ii.
Ìgustiyà, itł'íyaá ìsíla, át'íyí xaní-tii ii xayìsní-la: "Isgiyaá," yìsní-la. "Noghà ígúdídíyisní-hí át'a," yìsní-la. "Diyí nàsítíní," ìsní-la, "át'íyí noghà yídídínisní-hí át'a," yìsní-la. "Xat'áazá nuwà nádíyá," yìsní-la. "Ùwat'iyi nits'ì ninayishò?i xadágudidáziłí ìdà," yìsní-la.
Ùwat'iyi mákó nàts'ìnídál. Iyí dóní ùwà tłat'á-hí ìsíla nuwà kùwa ts'ì nágidìsdál-la, át'íyí tsìdàyìsdlìd-ná ii, iyí ùwà k'àt'íní ii ìsíla.
Ùwat'iyi xaní-tii yits'ì ninániyá-la. "Isgiyáá!" yìsní-la. "Ùwà! Noghà ígúdíidìnis?ò," yìsní-la. "Iyí xaní-tii miyìk'a áyít'ìní – át'íyí át'a, noghà yídídínisní-hí," ìsni, "iyí kùwa," yìsní-la.

8.

How the Tsuut'ina Came to Have the Teepee

And as for the teepee: this man was hunting buffalo with his son. They made a kill. A blizzard started to come upon them. And so the man told his son: "It is too far. You stay here," he told him. "Climb inside that buffalo and sleep there. I will head back and ask some people to help pick this meat back up and help us take it home," he told him.

And so the man set out for home again against the elements, and his son climbed in (the buffalo). He placed him in carefully before leaving. And so the boy fell asleep.

Suddenly, during the night, that buffalo said to him: "Young man," he told him. "I am going to grant you something holy," he told him. "This vision of yours," he said, "I am going to give that to you," he told him. "But go back over there," he told him, "and I will come back to you later once it is springtime," he told him.

Then they came back for him and went back to the campsite with the meat and everything, the ones that the man had asked to help and the man (himself).

Then the buffalo came back to him again. "Young man!" he told him. "All right, I am going to grant you something (holy)," he told him. "The buffalo that you stayed under is

Isúh Áníi / As Grandmother Said

"Díích'í ichi áyílá-hi, átłádàyiyítł'úłi. Át'íyí díích'í í siwus át'a," yìsní-la. "Ùwà iyí mìsíla guk'áyiskòdí," yìsní-la, "át'íyí siyìsdlá át'a," yìsní. "Ùwà tázák'a iyí mìsnàgudiyìgidzí – iyí sik'ánàst'òsí it'iyi, át'íyí át'a, iyí dinosaá," yìsní-la. "Ùwà át'íyí zochí ákàniyìloó k'àsì, át'íyí í sichák'à át'a," yìsní-la. "Ùwà iyí kùwa mìsgúdisʔoó sininà. Ùwà iyí dit'ónák'a, iyí kùwa, át'íyí sitł'ò át'a," ìsní-la. "Ùwà iyí zochí tsìsdámilshà óghá dáníʔoʔí, át'íyí í sidà át'a," ìsní-la. "Ùwà iyí sidzaghà – át'íyí át'a, iyí tsìsdámilshà," ìsní-la. "Ùwà iyí dimílí zochí akíyí dimílí zochí yagha," ìsní-la, "át'íyí í sizómiłà át'a," ìsní-la. "Ùwà át'íyí noghà mídíyìsisnììzh," yìsní-la, "át'íyí t'ò ást'ín-gù," yìsní-la.

Chapter 8

what I am going to gift you with," he said, "that teepee," he told him.

"You will make four sticks and tie them together. Those four are my legs," he told him. "And the one that you wrap it with (the teepee cover)," he told him, "that is my hide," he told him. "And the one that you pin down the middle with (in sequence, from top to bottom) – when you cut me, that is my front," he told him. "And the way that those poles lean together, those are my ribs," he told him. "And that pole with the teepee tied to it is my spine. And inside the back part, that is my rear end," he said. "And the poles for the teepee flaps, those are my horns," he said. "And my ears – that is what those are, the teepee flaps," he said. "And the pole for the doorflap underneath two door poles," he said, "those are my shoulders," he said. "I gave that to you," he told him, "for you to stay in," he told them.

8. Tsúut'ínà Kùwa-gutii Oghàtł'o?í K'àsì

How the Tsuut'ina Came to Have the Teepee

237. Ùwà diyí kùwa: dìní k'àt'íní dízá ìsíla xaní-tii nàgizà-ła.
And as for the teepee: this man was hunting buffalo with his son.

Ùwà	diyí	kùwa:	dìní	k'àt'íní	dízá	ìsíla
And	this	teepee	this-person	man	his-own-son	it-with

xaní-tii	nàgizà-ła.
buffalo-real	upon-they-hunt-it-was

238. Ùwat'iyi igizìsyín-la.
They made a kill.

Ùwat'iyi	igizìsyín-la.
And-then	something-they-killed-it-was

239. Ùwat'iyi gimìsíla tsídidìstłod-la.
A blizzard started to come upon them.

Ùwat'iyi	gimìsíla	tsídidìstłod-la.
And-then	them-with	it-started-to-blizzard-it-was

240. Ùwat'iyi dízá ii xaàsní-la: "Tíyík'á gúzòd.
And so the man told his son: "It is too far.

Ùwat'iyi	dízá	ii	xaàsní-la:
And-then	his-own-son	the-one	this-is-how-him-to-he-said-it-was

"Tíyík'á	gúzòd.
Too-much-that-way	it-is-far

241. Níní idáagù doo ánit'í," yìsní-la. "Iyí xaní-tii t'ò nitł'á.
You stay here," he told him. "Climb inside that buffalo and

Níní	idáagù	doo	ánit'í,"	yìsní-la.	"Iyí
You	never-mind	here	you-stay	him-to-he-said-it-was	That

xaní-tii	t'ò	nitł'á.
buffalo-real	into	you-go

242. At'iyi nítà.
sleep there.

At'iyi	nítà.
There-precisely	you-sleep

243. Ùwà síní guminánìstid. Diyí álíní gwóghá ninániìlo?í óghá tsìgùsdlìt nihits'ìsì tìgidìnó-gù," yìsní-la.
I will head back and ask some people to help pick this meat back up and help us take it home," he told him.

Ùwà	síní	guminánìstid.	Diyí	álíní	gwóghá
And	me	there-to-I-will-persevere	This	meat	them-for

ninániìlo?í	óghá	tsìgùsdlìt	nihits'ìsì
home-again-we-will-bring	it-for	I-someone-will-ask-for-help	us-to

tìgidìnó-gù,"	yìsní-la.
they-will-help-in-order-to	him-to-he-said-it-was

244. Ùwat'iyi idíní ii, k'àt'íní ii guminánìstid-la.
And so the man set out for home again against the elements,

Ùwat'iyi	idíní	ii,	k'àt'íní	ii
And-then	he-himself	the-one	man	the-one

guminánìstid-la.
there-to-he-persevered-it-was

245. Ùwat'iyi át'íyí mízá ii kúyitł'ó-la. Ùwat'iyi gùja
nàyíyìnínìizh-la, diyá-hí zida.
*and his son climbed in (the buffalo). He placed him in
carefully before leaving.*

Ùwat'iyi	át'íyí	mízá	ii	kúyitł'ó-la.
And-then	that-precisely	his-son	the-one	in-he-went-it-was

Ùwat'iyi	gùja	nàyíyìnínìizh-la,	diyá-hí	zida.
And-then	good	placed-him-he-put-it-was	he-will-walk	before

246. Ùwat'iyi tłaádínìstín-la, át'íyí ts'ìdoó ii.
And so the boy fell asleep.

Ùwat'iyi	tłaádínìstín-la,	át'íyí	ts'ìdoó
And-then	soundly-he-fell-asleep-it-was	that-precisely	boy

ii.
the-one

247. Ìgustiyà, itł'íyaá ìsíla, át'íyí xaní-tii ii xayìsní-la:
"Isgiyaá," yìsní-la.
*Suddenly, during the night, that buffalo said to him: "Young
man," he told him.*

Ìgustiyà,	itł'íyaá	ìsíla,	át'íyí	xaní-tii
All-of-a-sudden	night	it-with	that-precisely	buffalo-real

ii	xayìsní-la:		"Isgiyaá,"
the-one	this-is-how-him-to-it-said-it-was		Young-man

yìsní-la.
him-to-he-said-it-was

248. "Noghà ígúdídíyisní-hí át'a," yìsní-la.
"I am going to grant you something holy," he told him.

"Noghà	ígúdídíyisní-hí	át'a,"	yìsní-la.
You-at	something-I-will-gift	it-is	him-to-he-said-it-was

249. "Diyí nàsítíní," ìsní-la, "át'íyí noghà yídídínisní-hí át'a," yìsní-la.
"This vision of yours," he said, "I am going to give that to you," he told him.

"Diyí	nàsítíní,"	ìsní-la,	"át'íyí	noghà
This	about-you-dreamt	he-said-it-was	that-precisely	you-at

yídídínisní-hí	át'a,"	yìsní-la.
it-I-will-gift	it-is	him-to-he-said-it-was

---

250. "Xat'áazá nuwà nádíyá," yìsní-la.
"But go back over there," he told him,

"Xat'áazá	nuwà	nádíyá,"	yìsní-la.
However	over-there	home-you-will-go	him-to-he-said-it-was

---

251. "Ùwat'iyi nits'ì nináyishò?i xadágudidázití ìdà," yìsní-la.
"and I will come back to you later once it is springtime," he told him.

"Ùwat'iyi	nits'ì	nináyishò?i	xadágudidázití	ìdà,"
And-then	you-to	arrive-again-I-will	spring	then

yìsní-la.
him-to-he-said-it-was

---

252. Ùwat'iyi mákó nàts'inídál.
Then they came back for him

Ùwat'iyi	mákó	nàts'inídál.
And-then	him-for	arrive-someone(pl.)-all-walked

253. Iyí dóní ùwà tłat'á-hí ìsíla nuwà kùwa ts'ì nágidìsdál-la,
át'íyí tsìdàyìsdlìd-ná ii, iyí ùwà k'àt'íní ii ìsíla.
and went back to the campsite with the meat and everything, the ones that the man had asked to help and the man (himself).

Iyí	dóní	ùwà	tłat'á-hí	ìsíla	nuwà	kùwa	ts'ì
That	food	and	all-of-it	it-with	over-there	camp	to

nágidìsdál-la,			át'íyí				
home-they-all-walked-it-was			them-precisely				

tsìdàyìsdlìd-ná				ii,	iyí	ùwà
each-and-every-one-he-asked-for-help-persons				the-ones	those	and

k'àt'íní	ii	ìsíla.
man	the-one	him-with

254. Ùwat'iyi xaní-tii yits'ì nináníyá-la.
Then the buffalo came back to him again.

Ùwat'iyi	xaní-tii	yits'ì	nináníyá-la.
And-then	buffalo-real	him-to	arrived-again-he-walked-it-was

255. "Isgiyáá!" yìsní-la.
"Young man!" he told him.

"Isgiyáá!"	yìsní-la.
Young-man	him-to-he-said-it-was

256. "Ùwà!
"All right,

"Ùwà!
Now

Chapter 8

257. **Noghà ígúdíidìnis?ò," yìsní-la.**
I am going to grant you something (holy)," he told him.

Noghà	ígúdíídìnis?ò,"	yìsní-la.
You-at	something-I-will-gift	him-to-he-said-it-was

258. **"Iyí xaní-tii miyìk'a áyít'ìní – át'íyí át'a, noghà yídídínisní-hí," ìsni, "iyí kùwa," yìsní-la.**
"The buffalo that you stayed under is what I am going to gift you with," he said, "that teepee," he told him.

"Iyí	xaní-tii	miyìk'a	áyít'ìní	–	át'íyí		át'a,
That	buffalo-real	him-upon	you-stayed	–	that-precisely		it-is

noghà	yídídínisní-hí,"		ìsni,	"iyí	kùwa,"
you-at	it-in-a-holy-way-I-will-hand		he-said	that	teepee

yìsní-la.
him-to-he-said-it-was

259. **"Díích'í ichi áyílá-hi, átɬádàyiyítɬ'úɬi.**
"You will make four sticks and tie them together."*

"Díích'í	ichi	áyílá-hi,	átɬádàyiyítɬ'úɬi.
Four	sticks	it-you-will-make	together-each-and-every-one-you-will-tie

260. **Át'íyí díích'í í siwus át'a," yìsní-la.**
Those four are my legs," he told him.

Át'íyí	díích'í	í	siwus	át'a,"	yìsní-la.
Those-precisely	four	on-the-other-hand	my-legs	it-is	him-to-he-said-it-was

---

* Once the Tsuut'ina received the gift of the teepee poles, they were called **zochí** "(teepee) poles." Before then, at this point in the narrative, they were only **ichi** "sticks" (*Bruce Starlight, October 2, 2018*).

261. "Ùwà iyí mìsíla guk'áyiskòdí," yìsní-la, "át'íyí siyìsdlá át'a," yìsni.
"And the one that you wrap it with (the teepee cover)," he told him, "that is my hide," he told him.

"Ùwà	iyí	mìsíla	guk'áyiskòdí,"	yìsní-la,
And	that	it-with	it-on-is-covered	him-to-he-said-it-was

"át'íyí	siyìsdlá	át'a,"	yìsni.
that-precisely	my-skin	it-is	him-to-he-said

262. "Ùwà tázák'a iyí mìsnàgudiyìgidzí – iyí sik'ánàst'òsí it'iyi, át'íyí át'a, iyí dinosaá," yìsní-la.
"And the one that you pin down the middle with (in sequence, from top to bottom) – when you cut me, that is my front," he told him.

"Ùwà	tázák'a	iyí	mìsnàgudiyìgidzí	–	iyí
And	middle	that	it-with-down-it-is-pinned	–	that

sik'ánàst'òsí	it'iyi,	át'íyí	át'a,	iyí
me-off-you-all-cut	then-precisely	that-precisely	it-is	that

dinosaá,"	yìsní-la.
in-front-of	him-to-he-said-it-was

263. "Ùwà át'íyí zochí ákàniyìloó k'àsì, át'íyí í sichák'à át'a," yìsní-la.
"And the way that those poles lean together, those are my ribs," he told him.

"Ùwà	át'íyí	zochí	ákàniyìloó	k'àsì,
And	that-precisely	poles	on-each-other-are-leaning	that-way

át'íyí	í	sichák'à	át'a,"	yìsní-la.
that-precisely	on-the-other-hand	my-ribs	it-is	him-to-he-said-it-was

Chapter 8

264. "Ùwà iyí kùwa mìsgúdis?oó sininà.
"And that pole with the teepee tied to it is my spine.

"Ùwà	iyí	kùwa	mìsgúdis?oó	sininà.
"And	that	teepee	it-with-it-is-pointed-and-wrapped	my-spine.

265. Ùwà iyí dit'ónák'a, iyí kùwa, át'íyí sitł'ò át'a," ìsní-la.
And inside the back part, that is my rear end," he said.

Ùwà	iyí	dit'ónák'a,	iyí	kùwa,	át'íyí
And	that	at-the-back-of	that	teepee	that-precisely

sitł'ò	át'a,"	ìsní-la.
my-bum	it-is	he-said-it-was

266. "Ùwà iyí zochí tsìsdámilshà óghá dání?o?í, át'íyí í sidà át'a," ìsní-la.
"And the poles for the teepee flaps, those are my horns," he said.

"Ùwà	iyí	zochí	tsìsdámilshà	óghá	dání?o?í,
And	those	poles	flaps	it-for	against-it-extends-the-one

át'íyí	í	sidà	át'a,"	ìsní-la.
that-precisely	on-the-other-hand	my-horns	it-is	he-said-it-was

267. "Ùwà iyí sidzaghà – át'íyí át'a, iyí tsìsdámilshà," ìsní-la.
"And my ears – that is what those are, the teepee flaps," he said.

"Ùwà	iyí	sidzaghà	–	át'íyí	át'a,	iyí
And	those	my-ears	–	that-precisely	it-is	that

tsìsdámilshà,"	ìsní-la.
flaps	he-said-it-was

268. "Ùwà iyí dimílí zochí akíyí dimílí zochí yagha," ìsní-la, "át'íyí í sizómiłà át'a," ìsní-la.
"And the pole for the doorflap underneath two door poles," he said, "those are my shoulders," he said.

"Ùwà	iyí	dimílí	zochí	akíyí	dimílí	zochí	yagha,"
And	that	door	poles	two	door	poles	under

ìsní-la,	"át'íyí	í	sizómiłà
he-said-it-was	that-precisely	on-the-other-hand	my-shoulders

át'a,"	ìsní-la.
it-is	he-said-it-was

269. "Ùwà át'íyí noghà mídíyìsisnììzh," yìsní-la, "át'íyí t'ò ást'ín-gù," yìsní-la.
"I gave that to you," he told him, "for you to stay in," he told them.

"Ùwà	át'íyí	noghà	mídíyìsisnììzh,"	yìsní-la,
And	that-precisely	you-at	it-holy-way-I-gave	him-to-he-said-it-was

"át'íyí	t'ò	ást'ín-gù,"	yìsní-la.
that-precisely	it-in	you-stay-in-order-to	him-to-he-said-it-was

9.

Tsúut'ínà Túwúł Oghàtł'o?í K'àsì

• • • • • • • • • • • • •

How the Tsuut'ina Came to Have the Beaver Bundle

9. Tsúut'ínà Túwúł Oghàtł'o?í K'àsì

Isúh ii ánii: át'íyí Túwúł Tsúut'ínà gu?ì áyis?íní át'a, ìsnìsh. Ánìsts'ì, iyí Goòjí ùwà tłat'á dá-hí iyí Túwúł ás?íní át'a. Tsúut'ínà ástsá. At'iyi guts'i át'a, Túwúł didìzidí, Tsúut'ínà guts'i.
    Át'íyí Túwúł, ách'á dìní k'àt'íní dìnìjí zìsyín-la. Ùwat'iyi nàk'us tsitł'á minòda tayistíł-la. Xat'áa màdiwu-la. Ách'á Chó-tsií-la, nàkàdìsdátł'í. Ùwat'iyi át'íyí k'àt'íní ii nàzid-la. Ìgustiyà, Tástłóní-tsií yiwus gizá tsíyitł'ó-la. "Sits'ìsì, sits'ìsì!" yìsní-la. "Sigizisya?í át'a, iyí Chó. Sákó nàginídátł'í át'a," ìsní-la. "Diná sistsìd, noghà gúdídìyis?ółi," yìsní-la.
    Ùwat'iyi: "Ùwà, ga," ìsní-la. Ùwat'iyi át'íyí Chó-tsií xaàsní-la, "Iyí dìnìjí nádàstà. Dìní í moghanáyast'ìsh," ìsni.
    "Chàà, mákó nàkànaàdál," yìsní-la. Iyí gugidìnátí it'iyi, mizò ii xat'áa màziibuw-la, dizò k'izana?ò-hí it'iyi. Ùwat'iyi iyí dinághà k'izanàloó it'iyi, xat'áa mìsíla náats'ìstł'iyìshí át'ín-la, giyogházós-gù-la.
    Ùwat'iyi "No?," nágùsnìsh-la. "Iyí dìnìjí nádàstà."
    Ùwat'iyi díísh-gù giyídiskid-la. Ùwat'iyi díísh-gù guch'oódiyíní-la. Ùwat'iyi át'íyí dìnìjí ii ìsíla nást'ónágisdál-la.
    Ùwat'iyi Tástłóní ii át'íyí k'àt'íná xaàsní-la: "Iyí tútákà, at'iyi nàníyá," yìsní-la. Ut'i at'iyi túdákà ii nàzid-la. Ùwat'iyi át'íyí Tástłóní ii yits'ì kanádìmín-la. Xayìsní-la: "Niits'ìł!" Ùwat'iyi nìsts'ìł-la. Ùwat'iyi: "Ninághà k'izaninánílo," yìsní-la.

9. How the Tsuut'ina Came to Have the Beaver Bundle

My late grandmother said: the Tsuut'ina owned the Beaver Bundle before anyone else, she always said. The Blackfoot and all those who have Beaver Bundles now came afterwards. The Tsuut'ina were first. That is where the Beaver Bundle emerged, from the Tsuut'ina.

Concerning that Beaver Bundle: apparently, this man killed a moose. And then a little cloud was hovering above him. It was making a rumbling sound. Here, it was the Thunderbirds coming down. The man was standing there, and all of a sudden, a tástłóní (water monster) ran in fear between his legs. "Help me, help me!" he said to him. "Those Thunderbirds are going to kill me. They have come for me," he said. "If you help me survive, I will give you a (holy) gift," he told him.

"All right," he said. And so the man said to the Thunderbirds, "Take that moose and leave this one alone," he said.

"No, we came down for him," they told him. When the Thunderbirds talk, their mouths just make a hollow, booming sound whenever they open their mouths. And when they opened their eyes, lightning would flash to scare him.

"No," he kept saying. "Take that moose."

They asked him four times, and four times he refused them. And so they flew back up with that moose.

And the tástłóní told that man: "Go over there to that lakeshore," he told him. And as he was standing at the shoreline,

Dinághà ii k'izaninánìló-la. Ách'á at'iyi Tástłóní-tsií tú yìk'a mikùwa gúlí-la.
Ùwat'iyi dìní nàtł'òdághá oghasidó-la, át'íyí Tástłóní-tsií. Ùwat'iyi át'íyí nìtł'òdághá ii át'íyí k'àt'íná xaàsní-la: "Migò niyídò-hí ìgùł. Nizisya?í át'a," yìsní-la. "Iyí át'íyí mik'idà, át'íyí ts'à, át'íyí tiya ch'àdít'a?í át'a," yìsní-la. "Nini?ó-hí ákó át'íní át'a," yìsní-la. "Nizisya?í át'a," yìsní-la.
"Ùwà! Sigò nídò! Doo gùja gustiyà," yìsní-la.
"Aakù, idáagù, doo sisdo," ìsni. "Doo tàguyíssìl," yìsní-la. Ùwat'iyi: "Oò, ga, ánit'íní k'àsì. Ùwà dìt'aá yiínizinì?" yìsní-la. Ách'á át'íyí dìtł'ìshí nuwà doghàdàdíghá-la.
Ùwat'iyi: "Iyí ts'à ninòda tasi?óní ákó át'a, ást'íní," yìsní-la.
Ùwat'iyi: "Chàà. Chàà, chìchí, tiya ch'àdít'a?í át'a. Tiya minìst'iyà díchòwí át'a," ìsní-la.
"Ùwà sídíyískidi, 'Dìt'aá yiínizinì?' Diná nìsistsìd. Át'íyí nìsdisi," ìsni. Ùwat'iyi ìgùłí, át'íyí Tástłóní-tsií yich'ò ání-la.
Ùwat'iyi díísh-gù: "Ùwà! Át'íyí yinisin," yìsní-la. Ùwat'iyi Tástłóní-tsií ìgùłí yizisya?í ákó át'ín-la, ùwà chìchí yoghàch'águsdà-ła. Yits'ì tú yìk'a ìgùłí xanáguditłiizh-la, yizisya?í ákó. Ùwat'iyi ìgùłí yoghàch'águsdày-la, át'íyí k'àt'íná ii.
Ùwat'iyi át'íyí nàyiyí?óní it'iyi, yoghàyìní?ó. Ùwat'iyi xayìsni: "Diyí kidà jìjá yidùwà ìgùł," yìsní-la. "Ùwà iyí tłat'á tłík'á?ììtishí, tłat'á átłák'ànilo. Ùwat'iyi ikòs t'ònilo," yìsní-la. "Ùwat'iyi tłat'á miyinà noghà didìnis?ò-hí át'a," yìsní-la. Ùwat'iyi yínóghánìsh-la, áts'ádá mit'ò-dá, át'íyí kòs ii. Ùwat'iyi át'íyí yóghá dijísh-la, át'íyí xin ádàgùshòtí-gù. Ùwat'iyi tłat'á átłák'àyiyílo?í át'a.
Ùwà át'íyí át'a, iyí Tsúut'ínà áa Túwúł, naháa Túwúłà.

Chapter 9

the tástłóní *came swimming back out to him. He told him: "Close your eyes!" And so he closed his eyes. "Open your eyes again," he told him. He opened his eyes again, and here, it was the* tástłóní's *underwater home.*

The tástłóní *was married to a rabbit. And the rabbit told the man: "Don't sit by him. He is going to kill you," she told him. "That woven sinew there up above him is very powerful," she told him. "But he is going to try to trick you," she told him. "He is going to kill you," she told him.*

"All right, sit with me! It is really nice here," the tástłóní *told him.*

"That is okay, I am sitting over here," he said. "It is warm here," he told him.

"All right, then, do what you like. But what do you want?" he said to him. It just so happened that there were holy objects hanging up over there.

"That woven sinew container tied up above you is what I am here for," he said.

"No. No, you can't, it is very powerful. It has a very special power," he said.

"But you asked me, 'What do you want?' I saved you, and that is why I am telling you," he said. But even then, the tástłóní *refused.*

Four times the man said, "All right, that is what I want." But nevertheless, the tástłóní *tried to kill him, but couldn't defeat him. He even kept leaping out at him from underwater, trying to kill him. But even so, the man defeated him.*

And so the tástłóní *took that thing down and gave it to him. And he told him: "Never let it run out of berries inside of this," he told him. "Gather up all the animals and put them in a rawhide container," he told him. "Then I will give you all its songs," he told him. He would tell him about whatever was inside of that rawhide container used to hold holy objects. He* (the tástłóní) *would sing it (that object's song) for him so that he could learn each of those songs. And so he gathered all of them up.*

And that is the Tsuut'ina Beaver Bundle – our Beaver Bundle.

Isúh Áníi / As Grandmother Said

9. Tsúut'ínà Túwúł Oghàtł'o?í K'àsì

How the Tsuut'ina Came to Have the Beaver Bundle

270. Isúh ii áníi: át'íyí Túwúł Tsúut'ínà gu?ì áyis?íní át'a, ìsnìsh.
My late grandmother said: the Tsuut'ina owned the Beaver Bundle before anyone else, she always said.*

Isúh	ii	áníi:	át'íyí	Túwúł
Grandmother	the-one-that-was	she-said	that-precisely	Beaver-Bundle

Tsúut'ínà	gu?ì	áyis?íní	át'a,	ìsnìsh.
Tsuut'ina	them-before	they-it-owned	it-was	she-kept-saying

271. Ánìsts'ì, iyí Goòjí ùwà tłat'á dá-hí iyí Túwúł ás?íní át'a.
The Blackfoot and all those who have Beaver Bundles now came afterwards.

Ánìsts'ì,	iyí	Goòjí	ùwà	tłat'á	dá-hí	iyí
At-the-end	those	Blackfoot	and	all	right-now	that

Túwúł	ás?íní	át'a.
Beaver-Bundle	it-he-owns	it-is

272. Tsúut'ínà ástsá.
The Tsuut'ina were first.

Tsúut'ínà	ástsá.
Tsuut'ina	first

---

* The English term "Beaver Bundle" was first used by the Glenbow Museum to refer to the Tsuut'ina **Túwúł**. In Tsuut'ina, the word **Túwúł** comes from **Tú Ich'íwúłà**, meaning "Water from Different Areas" (*Bruce Starlight, March 20, 2023*).

273. At'iyi guts'i át'a, Túwúł didìzidí, Tsúut'ínà guts'i.
 That is where the Beaver Bundle emerged, from the Tsuut'ina.

At'iyi	guts'i	át'a,	Túwúł	didìzidí,
There-precisely	there-from	it-is	Beaver-Bundle	holy-way-it-came

Tsúut'ínà	guts'i.
Tsuut'ina	there-from

274. Át'íyí Túwúł, ách'á dìnì k'àt'íní dìnìjí zìsyín-la.
 Concerning that Beaver Bundle: apparently, this man killed a moose.

Át'íyí	Túwúł,	ách'á	dìnì
That-precisely	Beaver-Bundle	it-just-so-happened	this-person

k'àt'íní	dìnìjí	zìsyín-la.
man	moose	he-killed-it-was

275. Ùwat'iyi nàk'us tsitł'á minòda tayistíł-la.
 And then a little cloud was hovering above him.

Ùwat'iyi	nàk'us	tsitł'á	minòda	tayistíł-la.
And-then	cloud	little	him-above	it-is-hovering-it-was

276. Xat'áa màdiwu-la.
 It was making a rumbling sound.

Xat'áa	màdiwu-la.
Just-as-it-is	it-makes-a-rumbling-sound-it-was.

277. Ách'á Chó-tsií-la, nàkàdìsdátł'í.
 Here, it was the Thunderbirds coming down.

Ách'á	Chó-tsií-la,	nàkàdìsdátł'í.
It-just-so-happened	Thunderbirds-the-it-was	down-they-were-descending

278. Ùwat'iyi át'íyí k'àt'íní ii nàzid-la.
    The man was standing there,

Ùwat'iyi	át'íyí	k'àt'íní	ii	nàzid-la.
And-then	that-precisely	man	the-one	he-is-standing-it-was

279. Ìgustiyà, Tástłóní-tsií yiwus gizá tsíyitł'ó-la.
    and all of a sudden, a tástłóní *(water monster) ran in fear between his legs.*

Ìgustiyà,	Tástłóní-tsií	yiwus	gizá	tsíyitł'ó-la.
All-of-a-sudden	Water-Monster-the	his-legs	between	fear-he-ran-it-was

280. "Sits'ìsì, sits'ìsì!" yìsní-la.
    "Help me, help me!" he said to him.

"Sits'ìsì,	sits'ìsì!"	yìsní-la.
Me-help	me-help	him-to-he-said-it-was

281. "Sigizisya?í át'a, iyí Chó. Sákó nàginídátł'í át'a," ìsní-la.
    "Those Thunderbirds are going to kill me. They have come for me," he said.

"Sigizisya?í	át'a,	iyí	Chó.	Sákó
Me-they-will-kill	it-is	those	Thunderbirds	Me-for

nàginídátł'í	át'a,"	ìsní-la.
arrived-they-all-came	it-is	he-said-it-was

282. "Diná sistsìd, noghà gúdídìyis?ółi," yìsní-la.
    "If you help me survive, I will give you a (holy) gift," he told him.

"Diná	sistsìd,	noghà	gúdídìyis?ółi,"
Person	me-you-help	you-at	something-holy-way-you-I-will-give

yìsní-la.
him-to-he-said-it-was

Chapter 9

283. Ùwat'iyi: "Ùwà, ga," ìsní-la.
"All right," he said.

Ùwat'iyi:	"Ùwà,	ga,"	ìsní-la.
And-then	Now	well	he-said-it-was

284. Ùwat'iyi át'íyí Chó-tsií xaàsní-la, "Iyí dìnìjí nádàstà.
And so the man said to the Thunderbirds: "Take that moose

Ùwat'iyi	át'íyí	Chó-tsií
And-then	those-precisely	Thunderbirds-the

xaàsní-la,	"Iyí	dìnìjí
this-is-how-them-to-he-said-it-was	That	moose

nádàstà.
go-over-and-it-you-take

285. Dìní í moghanáyast'ìsh," ìsni.
and leave this one alone," he said.

Dìní	í	moghanáyast'ìsh,"	ìsni.
This-person	on-the-other-hand	him-at-you-leave-alone	he-said

286. "Chàà, mákó nàkànaàdál," yìsní-la.
"No, we came down for him," they told him.

"Chàà,	mákó	nàkànaàdál,"	yìsní-la.
No	him-for	downwards-we-all-came	him-to-he-said-it-was

287. Iyí gugidìnátí it'iyi, mizò ii xat'áa màziibuw-la, dizò k'izana?ò-hí it'iyi.
When the Thunderbirds talk, their mouths just make a hollow, booming sound whenever they open their mouths.

Iyí	gugidìnátí	it'iyi,	mizò	ii
That	they-begin-to-talk	then-precisely	his-mouth	the-one

xat'áa	màziibuw-la,	dizò
just-as-it-is	it-makes-a-booming-noise-it-was	his-mouth

k'izana?ò-hí	it'iyi.
open-he-puts	then-precisely

288. Ùwat'iyi iyí dinághà k'izanàloó it'iyi, xat'áa mìsíla náats'ìstł'iyìshí át'ín-la, giyogházós-gù-la.
And when they opened their eyes, lightning would flash to scare him.

Ùwat'iyi	iyí	dinághà	k'izanàloó	it'iyi,
And-then	that	his-own-eyes	open-them-he-puts	then-precisely

xat'áa	mìsíla	náats'ìstł'iyìshí	át'ín-la,
just-as-it-is	it-with	lightning-it-flashes-the-one	it-makes-it-was

giyogházós-gù-la.
they-him-will-scare-in-order-to-it-was

289. Ùwat'iyi "No?," nágùsnìsh-la. "Iyí dìnìjí nádàstà."
"No," he kept saying. "Take that moose."

Ùwat'iyi	"No?,"	nágùsnìsh-la.		"Iyí
And-then	No	again-and-again-them-to-he-says-it-was		That

dìnìjí	nádàstà."
moose	go-over-and-it-you-take

290. Ùwat'iyi díísh-gù giyídiskid-la.
They asked him four times,

Ùwat'iyi	díísh-gù	giyídiskid-la.
And-then	four-like	they-him-asked-it-was

Chapter 9

291. Ùwat'iyi díísh-gù guch'oódiyíní-la.
and four times he refused them.

Ùwat'iyi	díísh-gù	guch'oódiyíní-la.
And-then	four-like	them-he-refused

292. Ùwat'iyi át'íyí dìnìjí ii ìsíla nást'ónágisdál-la.
And so they flew back up with that moose.

Ùwat'iyi	át'íyí	dìnìjí	ii	ìsíla
And-then	that-precisely	moose	the-one	it-with

nást'ónágisdál-la.
upwards-again-they-flew-it-was

293. Ùwat'iyi Tástłóní ii át'íyí k'àt'íná xaàsní-la: "Iyí tútákà, at'iyi nàníyá," yìsní-la.
And the tástłóní *told that man: "Go over there to that lakeshore," he told him.*

Ùwat'iyi	Tástłóní	ii	át'íyí	k'àt'íná
And-then	Water-Monster	the-one	that-precisely	man

xaàsní-la:	"Iyí	tútákà,	at'iyi
this-is-how-him-to-he-said-it-was	That	shore	there-precisely

nàníyá,"	yìsní-la.
arrive-you-walk	him-to-he-said-it-was

294. Ut'i at'iyi túdákà ii nàzid-la.
And as he was standing at the shoreline,

Ut'i	at'iyi	túdákà	ii	nàzid-la.
And-then	there-precisely	shore	the-one	he-is-standing-it-was

295. Ùwat'iyi át'íyí Tástłóní ii yits'ì kanádìmín-la.
the tástłóní *came swimming back out to him.*

Ùwat'iyi	át'íyí	Tástłóní	ii	yits'ì
And-then	that-precisely	Water-Monster	the-one	him-to

kanádìmín-la.
in-view-again-he-swam-it-was

296. Xayìsní-la: "Niits'ìł!"
He told him: "Close your eyes!"

Xayìsní-la:	"Niits'ìł!"
This-is-how-him-to-he-said-it-was	You-close-your-eyes

297. Ùwat'iyi nìsts'ìł-la.
And so he closed his eyes.

Ùwat'iyi	nìsts'ìł-la.
And-then	he-closed-his-eyes-it-was

298. Ùwat'iyi: "Ninághà k'izaninánílo," yìsní-la.
"Open your eyes again," he told him.

Ùwat'iyi:	"Ninághà	k'izaninánílo,"	yìsní-la.
And-then	Your-eyes	open-again-them-you-put	him-to-he-said-it-was

299. Dinághà ii k'izaninánílo-la.
He opened his eyes again,

Dinághà	ii	k'izaninánílo-la.
His-own-eyes	the-one	open-again-he-put-them-it-was

Chapter 9

300. Ách'á at'iyi Tástłóní-tsií tú yìk'a mikùwa gúlí-la.
and here, it was the tástłóní's *underwater home.*

Ách'á	at'iyi	Tástłóní-tsií	tú
It-just-so-happened	there-precisely	Water-Monster-the	water

yìk'a	mikùwa	gúlí-la.
under	his-teepee	there-is-it-was

---

301. Ùwat'iyi dìní nàtł'òdághá oghasidó-la, át'íyí Tástłóní-tsií.
The tástłóní *was married to a rabbit.*

Ùwat'iyi	dìní	nàtł'òdághá	oghasidó-la,
And-then	this-person	rabbit	her-at-he-is-sitting-it-was

át'íyí	Tástłóní-tsií.
that-precisely	Water-Monster-the

---

302. Ùwat'iyi át'íyí nìtł'òdághá ii át'íyí k'àt'íná xaàsní-la: "Migò niyídò-hí ìgùł.
And the rabbit told the man: "Don't sit by him.

Ùwat'iyi	át'íyí	nìtł'òdághá	ii	át'íyí
And-then	that-precisely	rabbit	the-one	that-precisely

k'àt'íná	xaàsní-la:		"Migò
man	this-is-how-him-to-she-said-it-was		Him-beside

niyídò-hí	ìgùł.
you-will-sit	do-not

---

303. Nizisya?í át'a," yìsní-la.
He is going to kill you," she told him.

Nizisya?í	át'a,"	yìsní-la.
You-he-will-kill	it-is	him-to-she-said-it-was

304. "Iyí át'íyí mik'idà, át'íyí ts'à, át'íyí tiya ch'àdít'a?í át'a," yìsní-la.
"That woven sinew there up above him is very powerful," she told him.

"Iyí	át'íyí	mik'idà,	át'íyí	ts'à,
That	that-precisely	above-him	that-precisely	woven-sinew-container

át'íyí	tiya	ch'àdít'a?í	át'a,"	yìsní-la.
that-precisely	very-much	it-is-holy	it-is	him-to-she-said-it-was

305. "Nini?ó-hí ákó át'íní át'a," yìsní-la.
"But he is going to try to trick you," she told him.

"Nini?ó-hí	ákó	át'íní	át'a,"	yìsní-la.
You-he-will-fool	for	he-is-doing	it-is	him-to-she-said-it-was

306. "Nizisya?í át'a," yìsní-la.
"He is going to kill you," she told him.

"Nizisya?í	át'a,"	yìsní-la.
You-he-will-kill	it-is	him-to-she-said-it-was

307. "Ùwà! Sigò nídò! Doo gùja gustiyà," yìsní-la.
"All right, sit with me! It is really nice here," the tástłóní *told him.*

"Ùwà!	Sigò	nídò!	Doo	gùja	gustiyà,"
Now	me-beside	you-sit	Here	good	just-so

yìsní-la.
him-to-he-said-it-was

308. "Aakù, idáagù, doo sisdo," ìsni. "Doo tàguyíssìl," yìsní-la.
"That is okay, I am sitting over here," he said. "It is warm here," he told him.

"Aakù,	idáagù,	doo	sisdo,"	ìsni.	"Doo
It-is-okay	never-mind	here	I-am-sitting	he-said	Here

tàguyíssìl,"	yìsní-la.
it-is-warm	him-to-he-said-it-was

---

309. Ùwat'iyi: "Oò, ga, ánit'íní k'àsì.
"All right, then, do what you like.

Ùwat'iyi:	"Oò,	ga,	ánit'íní	k'àsì.
And-then	Yes	well	it-you-do	that-way

---

310. Ùwà dìt'aá yiínizinì?" yìsní-la.
But what do you want?" he said to him.

Ùwà	dìt'aá	yiínizinì?"	yìsní-la.
Now	what	it-you-are-wishing-for	him-to-he-said-it-was

---

311. Ách'á át'íyí dìtł'ìshí nuwà doghàdàdíghá-la.
It just so happened that there were holy objects hanging up over there.

Ách'á	át'íyí	dìtł'ìshí	nuwà
It-just-so-happened	that-precisely	holy-items	over-there

doghàdàdíghá-la.
onto-were-all-hanging-it-was

---

312. Ùwat'iyi: "Iyí ts'à ninòda tasi?óní ákó át'a, ást'íní," yìsní-la.
"That woven sinew container tied up above you is what I am here for," he said.

Ùwat'iyi:	"Iyí	ts'à		ninòda	tasi?óní
And-then	That	woven-sinew-container		you-above	up-on-it-is-sitting

ákó	át'a,	ást'íní,"	yìsní-la.
for	it-is	I-am-looking-for	him-to-he-said-it-was

313. Ùwat'iyi: "Chàà. Chàà, chìchí, tiya ch'àdít'a?í át'a. Tiya
    minìst'iyà díchòwí át'a," ìsní-la.
    "No. No, you can't, it is very powerful. It has a very special
    power," he said.

Ùwat'iyi:	"Chàà.	Chàà,	chìchí,	tiya	ch'àdít'a?í	át'a.
And-then	No	No	unable-to	very-much	it-is-holy	it-is

Tiya	minìst'iyà	díchòwí	át'a,"	ìsní-la.
Very-much	its-power	it-is-respectable	it-is	he-said-it-was

314. "Ùwà sídíyískidi, 'Dìt'aá yiínizinì?'"
    "But you asked me, 'What do you want?'"

"Ùwà	sídíyískidi,	'Dìt'aá	yiínizinì?'
Now	me-you-asked	what	it-you-are-wishing-for

315. Diná nìsistsìd. Át'íyí nìsdisi," ìsni.
    I saved you, and that is why I am telling you," he said.

Diná	nìsistsìd.	Át'íyí	nìsdisi,"	ìsni.
Person	you-I-helped	That-precisely	you-to-I-say	he-said

316. Ùwat'iyi ìgùlí, át'íyí Tástłóní-tsií yich'ò ání-la.
    But even then, the tástłóní refused.

Ùwat'iyi	ìgùlí,	át'íyí	Tástłóní-tsií
And-then	even-so	that-precisely	Water-Monster-the

yich'ò	ání-la.
him-in-avoidance	he-complained-it-was

317. Ùwat'iyi díísh-gù: "Ùwà! Át'íyí yinisin," yìsní-la.
    Four times the man said, "All right, that is what I want."

Ùwat'iyi	díísh-gù:	"Ùwà!	Át'íyí	yinisin,"
And-then	four-like	Now	That-precisely	it-I-want

yìsní-la.
him-to-he-said-it-was

Chapter 9

318. Ùwat'iyi Tástłóní-tsií ìgùłí yizisya?í ákó át'ín-la, ùwà chìchí yoghàch'águsdà-ła.
But nevertheless, the tástłóní *tried to kill him, but couldn't defeat him.*

Ùwat'iyi	Tástłóní-tsií	ìgùłí	yizisya?í
And-then	Water-Monster-the	even-so	him-he-will-kill

ákó	át'ín-la,	ùwà	chìchí
for	of-he-is-doing-it-was	and	unable-to

yoghàch'águsdà-ła.
to-his-detriment-he-will-win-it-was

---

319. Yits'ì tú yìk'a ìgùłí xanáguditłiizh-la, yizisya?í ákó.
He even kept leaping out at him from underwater, trying to kill him.

Yits'ì	tú	yìk'a	ìgùłí	xanáguditłiizh-la,
Him-to	water	under	even-so	out-again-and-again-he-jumped-it-was

yizisya?í	ákó.
him-he-will-kill	for

---

320. Ùwat'iyi ìgùłí yoghàch'águsdày-la, át'íyí k'àt'íná ii.
But even so, the man defeated him.

Ùwat'iyi	ìgùłí	yoghàch'águsdày-la,	át'íyí
And-then	even-so	to-his-detriment-he-won-it-was	that-precisely

k'àt'íná	ii.
man	the-one

---

321. Ùwat'iyi át'íyí nàyiyí?óní it'iyi, yoghàyìní?ó.
And so the tástłóní *took that thing down and gave it to him.*

Ùwat'iyi	át'íyí	nàyiyí?óní	it'iyi,
And-then	that-precisely	down-it-he-took	then-precisely

yoghàyìní?ó.
him-at-it-he-gave

322. Ùwat'iyi xayìsni: "Diyí kidà jìjá yidùwà igùł," yìsní-la.
And he told him: "Never let it run out of berries inside of this," he told him.

Ùwat'iyi	xayìsni:	"Diyí	kidà	jìjá
And-then	this-is-how-him-to-he-said-it-was	This	in-it	berries

yidùwà	igùł,"	yìsní-la.
it-will-become-nothing	avoid	him-to-he-said-it-was

323. "Ùwà iyí tłat'á tłík'á?ììtishí, tłat'á átłák'ànilo. Ùwat'iyi ikòs t'ònilo," yìsní-la.
"Gather up all the animals and put them in a rawhide container," he told him.

"Ùwà	iyí	tłat'á	tłík'á?ììtishí,		tłat'á
Now	that	all	around-they-about-look-(animals)		all

átłák'ànilo.	Ùwat'iyi	ikòs	t'ònilo,"
together-you-gather	And-then	rawhide-container	inside-you-put

yìsní-la.
him-to-he-said-it-was

324. "Ùwat'iyi tłat'á miyinà noghà didìnis?ò-hí át'a," yìsní-la.
"Then I will give you all its songs," he told him.

"Ùwat'iyi	tłat'á	miyinà	noghà	didìnis?ò-hí
And-then	all	its-songs	you-to	holy-way-it-I-will-give

át'a,"	yìsní-la.
it-is	him-to-he-said-it-was

325. Ùwat'iyi yínóghánìsh-la, áts'ádá mit'ò-dá, át'íyí kòs ii.
He would tell him about whatever was inside of that rawhide container used to hold holy objects.

Ùwat'iyi	yínóghánìsh-la,	áts'ádá	mit'ò-dá,
And-then	him-at-he-tells-it-was	something	it-in-different-things

át'íyí	kòs	ii.
that-precisely	rawhide-bag	the-one

Chapter 9

326. Ùwat'iyi át'íyí yóghá dijísh-la, át'íyí xin ádàgùshòtí-gù.
 He (the tástłóní) *would sing it (that object's song) for him so that he could learn each of those songs.*

Ùwat'iyi	át'íyí	yóghá	dijísh-la,	át'íyí
And-then	that-precisely	him-for	it-sings-it-was	that-precisely

xin	ádàgùshòtí-gù.
song	of-he-will-learn-in-order-to

327. Ùwat'iyi tłat'á átłák'àyiyílo?í át'a.
 And so he gathered all of them up.

Ùwat'iyi	tłat'á	átłák'àyiyílo?í	át'a.
And-then	all	together-it-he-gathered	it-is

328. Ùwà át'íyí át'a, iyí Tsúut'ínà áa Túwúł, naháa Túwúłà.
 And that is the Tsuut'ina Beaver Bundle – our Beaver Bundle.

Ùwà	át'íyí	át'a,	iyí	Tsúut'ínà	áa
And	that-precisely	it-is	those	Tsuut'ina	belonging

Túwúł,	naháa	Túwúłà.
Beaver-Bundle	our	Beaver-Bundle

Tsuut'ina-English Glossary

This glossary provides an alphabetical index to all of the Tsuut'ina words that appear in this collection. Each Tsuut'ina entry is presented with all of its corresponding literal English translations, giving a sense of the range of meanings associated with each Tsuut'ina word or expression. In some cases, these translations indicate when a single Tsuut'ina word has more than one meaning. For instance, the glossary entry for **xìł** indicates that this Tsuut'ina word can mean both "dizzy" (as in **xìł niyízid-la** "he became dizzy, lost consciousness"; line 19) and "evening" (as in **Ùwat'iyi xìł gwágùná-hí it'iyi** "During the evening"; line 135), depending on the context in which it occurs.

In other cases, literal translations may make distinctions that are needed to interpret the narratives correctly in English, but that are not present in the meaning of the Tsuut'ina entry itself. As one example, the glossary entry for **ìsni** includes translations as both "he-said" and "she-said." Since Tsuut'ina does not distinguish between "he," "she," and "it" in the subjects of verb phrases, glossary entries sometimes come to include a large number of alternative English translations like these. We have included references to all the English translations that occur with each Tsuut'ina entry in the glossary, with the aim of making it easier for readers to refer to specific translations as they appear in individual narratives.

Some glossary items represent names or expressions containing multiple words that take on a specific meaning when they appear together. For instance, the expression **Tú Yìk'a Nóghàgùsjó-di** (line 178) is translated literally as "Water Under Across-it-(path)-goes-place," but refers specifically to Blackfoot Crossing. To help interpret items such as these, multi-word expressions are represented by dedicated entries in the glossary that give their specific meanings, along with separate entries for each of the individual Tsuut'ina words that appear within that expression. Similarly, if a Tsuut'ina entry has a meaning that may not be immediately apparent from the literal translation (e.g., **dújú**, which is translated literally as "not-also" but used conventionally to mean "never"), or which could be misinterpreted without further explanation (e.g., distinguishing the insect **ts'í** "mosquito, mosquitos" from the name of the Tsuut'ina society **Ts'í** "Mosquitos"), a brief clarification is included in parentheses after the literal translation (e.g., **dújú** "not-also" (*never*)).

Finally, to assist readers in identifying examples of Tsuut'ina words and expressions in their original contexts, this glossary also includes the numbers of one or more lines in the narratives on which each entry is found. When an entry appears frequently in the narratives (e.g., **ùwat'iyi** "and then"), the glossary lists at most three occurrences, indicating with an ellipsis (…) that more instances are present throughout the collection.

Tsuut'ina-English Glossary

à?í	like-it [216]
áa	belonging [40, 328]; own [167]
aakù	enough [59, 194, 194, ...]; it-is-okay [308]
aakùùsà	that-is-enough [36]
ách'á	it-just-so-happened [3, 96, 311, ...]
ách'igunisho	it-I-do-not-know [124]; of-I-do-not-know [28]
ácháádìsnón-la	more-than-enough-it-flowed-it-was [79]
áchágúdìschóní	continued-like-it-rained [2]
ádáátòní	it-goes-along-with [1]
ádágá	in-preparation-for [163]
ádàgùshòtí-gù	of-he-will-learn-in-order-to [326]
ádáná	some-persons [155]
ádàsaàt'íní	there-each-and-every-one-of-us-live [101]
ádàts'ílàg	of-each-and-every-one-someone(pl.)-made [180]
ádàyaàt'ìní	at-each-and-every-one-lived [182]
ágíná-hí	of-they-do [235]
áginíi	it-they-say [112]; of-they-say [88, 222]
ágit'ín	at-they-are [200, 201, 201]
ágùjàg	it-became [137]; it-has-become [14, 46]
ágùjàg-la	it-became-it-was [2, 17]
ágùjàgí	it-has-become [61]
águs?ìsh-ná	of-they-make-persons [203]
ák'óo	yet [70, 72, 89]
ák'óo-gù	yet-then [138]
ákàniyìloó	on-each-other-are-leaning [263]
àkíná, akíná	two-persons [140, 143]
akíyí	two [268]
ákó	for [43, 312, 319, ...]
ákó-gù	for-in-order-to [8]
álíní	meat [243]
ámà	summer [132]
ànaágídíyiní-hí	away-they-give [220]
ànàdìstł'ó-la	more-than-enough-he-ran-(got-lost)-it-was [146]
ànàgádìłí	continued-to-they-all-walked [44]
ánágùjàgí	again-it-has-become [36]
ánát'ìsh	again-it-becomes [196]
ànàyíchòw-la	continued-to-become-big-it-was [27]
ànàyiníł-la	continued-to-pour-it-was [82]
ànàyitłìłí	continued-to-become-more [80]

Tsuut'ina-English Glossary

ání-la	he-complained-it-was [316]
ánii	she-said [91, 106, 270, ...]; she-says [176]
ánìst'ày-la	it-he-ate-all-up-it-was [97]
ánìsts'ì	at-the-end [178, 271]; at-the-last [13]
ánit'í	you-stay [241]
ánit'íní	it-you-do [309]
ásʔíní	it-he-owns [271]
ásʔìsh-ná	of-they-make-persons [199, 208]
ásch'ádàts'iyídátɬ'í	apart-they-all-walked [41]
ásch'ánáyaàdátɬ'í	apart-again-we-all-walked [114]
ásch'anísk'òɬí	apart-it-is-forked [136, 160]
ásch'áyìdálí	apart-they-all-walked [116]
ásch'áyídátɬ'í	apart-they-all-walked [41]
ásdiyíní-la	of-he-asked-it-was [9, 13, 28]
ást'ádi	naked [225]
ást'ín-gù	you-stay-in-order-to [269]
ást'íní	I-am-looking-for [312]; I-will-live [157]
ást'ògisnó-la	stopped-they-moved-camp-it-was [169]
ást'òsiyá-la	stop-she-walked-it-was [63]
ást'òxàshasnò-hí	stop-you-will-run-it-will-be [30]
ástɬá-di	it-I-make-place [160]
ástɬá-ká	horse-the-ones [171, 171]
ástonaàdál-gù	mixed-we-all-walked-at-that-time [1]
ástsá	first [9, 177, 272, ...]
át'a	it-is [213, 248, 266, ...]; it-was [270]
át'ín-la	it-is-it-was [117]; it-makes-it-was [288]; of-he-is-doing-it-was [318]
át'íní	he-is-doing [305]
át'íyí	that-precisely [68, 269, 311, ...]; those-precisely [209, 211, 260, ...]; them-precisely [230, 235, 253]
at'iyi	there-precisely [88, 143, 293, ...]; then-precisely [30, 198];
át'íyí-ná	those-precisely-persons [128, 161, 210, ...]
át'íyi-yiná	that-precisely-people [71]
át'íyí-yiná	those-precisely-persons [234]
átágùdlì	it-is-bad [93]
átɬádàyiyítɬ'úɬi	together-each-and-every-one-you-will-tie [259]
átɬák'àdàyímín-la	together-each-and-every-one-they-swam-it-was [4]

140

Tsuut'ina-English Glossary

átłák'àginá-hí	together-they-camp [92]
átłák'ànáyaàdál	together-again-we-all-gathered [115, 115]
átłák'ànilo	together-you-gather [323]
átłák'àts'iyínó-di	together-someone-gathered-camping-place [201]
átłák'àyiyílo?í	together-it-he-gathered [327]
átłat'a	finally [83]
átłich'ánágisdál-la	each-other-apart-from-again-they-all-walked-it-was [110]
átłich'áts'iyídálí	each-other-apart-from-someone(pl.)-all-walked [130]
átłich'áts'iyídátł'í	each-other-apart-from-someone(pl.)-all-walked [73]
átłígíyidál	each-other-they-fought [172]
átłík'àyaàdál	together-we-all-gathered [140]
átłinájùnáá	each-other's-relatives [107]
átłítónáásdina	each-other-opposite [107]
áts'ádá	something [325]
áts'it'íní	it-of-someone-stays [88]; it-someone-is-doing [227]
áyílá-hi	it-you-will-make [259]
áyis?ín-la	of-he-is-making-it-was [26]
áyis?íní	they-it-owned [270]
áyít'ìní	you-stayed [258]
ch'àdít'a?í	he-is-holy [188]; it-is-holy [304, 313]
ch'àdít'aá	holy-man [189, 193]; it-is-holy [187, 187]
ch'át'ághá	sun [5]
chàà	no [151, 286, 313, ...]
chìchí	unable-to [157, 173, 318, ...]
Chó	Thunderbirds [281]
Chó-tsií	Thunderbirds-the [284]
Chó-tsií-la	Thunderbirds-the-it-was [277]
chu	big [83, 125]
dá-hí	right-now [187, 236, 271]
dá?í	right-now [122]
daát'íyí	this-precisely [1, 119, 168]
dàgimìsts'inìsh-dà	how-them-you-call [221]
dàgitsiy	each-and-every-one-is-crying [89]
dàgiyidiyítł'ìshí	each-and-every-one-they-drew [128]
dàgiyìsgud-ná	each-and-every-one-they-poked-persons [220]

dákàsidál-la	ashore-they-all-walked-it-was [69]
dákàts'isdál-la	ashore-someone(pl.)-all-walked-it-was [50]
Dáł	Doves [209]
Dáł-yiná	Doves-people [209]
dànaàts'ìsdlàdz	each-and-every-one-us-someone(pl.)-transferred [183]
dání?o?í	against-it-extends-the-one [266]
dáta	different-things [183, 236]
dátł'ìsh	it-is-written [125]
dátł'ìshà (dátł'ìshí)	book [40]
Dátł'ìshà Ts'ìká	Book Woman (*personal name: Bessie Meguinis*) [40]
dàtłigidiyì-hí	each-and-every-one-each-other-they-are-related [107]
dàtłigighóní	each-and-every-one-each-other-they-killed [106]
dàts'inìsh-dà	how-is-it-called [184]
dàtùwà	lake [70, 84, 125, ...]
dáyítł'ún-la	onto-it-is-tied-it-was [215]
díchòwí	it-is-respectable [313]
didìnis?ò-hí	holy-way-it-I-will-give [324]
didìzidí	holy-way-it-came [273]
díích'í	four [259, 260]
díísh-gù	four-like [24, 290, 317, ...]
dijísh-la	it-sings-it-was [326]
dik'asilo	there-on-it-is-written [126]
dikòdí	it-is-wide-the-one [9]
dimílí	door [268, 268]
dimòdzí	it-is-round-the-one [29]
diná	person [188, 282, 315]; people [88, 140, 170, ...]; Dina (*Dene*) [112, 113, 115, ...]
dinághà	his-own-eyes [288, 299]
Dinásułíní	Denesųłiné [162]
dináyílò?í	she-lived [188]
dìní	this-person [74, 237, 274, ...]; these-persons [167, 170, 173, ...]
dìní-yiná	this-person-people [140]
dinidlààz	it-shakes [193]
dìnìjí	moose [274, 284, 289, ...]
dinosaá	in-front-of [262]

Tsuut'ina-English Glossary

dìsjiní	he-started-to-sing [24]
dìsnón-la	it-started-to-flow-it-was [78]
dìstł'ó-la	he-started-to-run-it-was [31]
dìstó-la	it-spread-it-was [42]
dìt'aá	what [310]
dit'ónák'a	at-the-back-of [265]
dit'óní	eagle [215]
dìtł'ìshí	holy-items [1, 311]
ditsíłà	her-own-axe [65]
diyá-hí	he-will-walk [245]
diyí	these [21, 22, 93, ...]; this [41, 75, 123, ...]
diyínií	she-told [119]
diyisì	I-told [116]
dízá	his-own-son [237, 240]
dizò	his-mouth [287]
dogha	his-own-home [134]
doghàdàdíghá-la	onto-were-all-hanging-it-was [311]
dóní	food [96, 97, 253, ...]
doo	here [120, 171, 178, ...]
doóní	bow [179]
Doóní Tsisgò	Bow River (*place name*) [179]
dósa	because-of [72, 130, 176, ...]
dúʔàdànásaàjidí	not-of-each-and-every-one-we-are-afraid [166]; not-of-each-and-every-one-we-fear [181]
dúʔat'iyi	not-there-precisely [201]
dúʔik'àsì	not-that-way [209]
dúʔiyí	not-that [201]
dúdàgústł'ìsí	not-each-and-every-one-holds-back [165]
dúdinágugisʔìsh	not-person-them-they-make [235]
dúgimik'asónà	not-their-way-along [227]
dúgugònà	not-someone's-arm [218]
dúgústìsáa	not-firm-it-is [17]
dúgwaghàyìnití	not-about-he-bothers [135]
dújú	not-also (*never*) [11, 120, 139, ...]
dúk'àzìgù	not-slowly [228]
dúkúts'iyá-hí	not-in-someone-walks [231]
dúlada	or [141]
dúnáátłìsaàtsá-hí	not-again-each-other-we-will-see [108]
dúnitsiy	not-you-cry [59]
dúnóghàgidàł-ná	not-across-they-all-walk-persons [70]

Tsuut'ina-English Glossary

dúnóghàgisdál-ná-yiná	not-across-they-all-walked-persons-people [72]
dútłàgù	not-one-time [41]
dútsídàdìsyiiz-ná	not-in-fear-each-and-every-one-raced-persons [206]
dúxàts'iyá-hí	not-out-someone-walks [231]
dzáná	long-time [137]
dzáná-gù	a-long-time-ago [91, 143]
dzánádà	already [69, 171, 171]
dził	sand [117, 163]
Dził Diná	Apache, Apaches [117, 163]
dzinis	day [138]
Dzinis Ts'ìká	Day Woman (*personal name: Mary Jane Starlight*) [138]
dzoghànisíd	I-will-pass-away [121]
ga	well [32, 161, 283, ...]
gánáł-la	they-are-moving-camp-it-was [168]
gidigònà	their-own-arm [219]
gidìitìy-la	they-rush-out-it-was [216]
gijiní	they-are-singing [213]
gimadach'idíst'ìyí	them-they-onto-hitched [102]
gimádàyítł'úní	them-each-and-every-one-onto-is-tied [64]
gimágunishón	them-I-know [209]
gimánánaàdàł	them-we-will-all-catch-up-walking [149]
gimidimílà	their-door [206]
gimiguná-hà	their-language [123]
gimiguunijà	their-stories [143]; their-story [161, 162]
giminájùná	their-relatives [104]
giminídza	them-among [182]
giminìsk'aà	their-land [123]
gimínóghá	them-at [116]
giminósáts'ìyá-hí	them-in-front-of-someone-walks [223, 225]
gimìsdaànìsh	them-we-name [127, 129]
gimìsdaànìshí	them-we-call [176]
gimìsíla	them-with [172, 239]
gimìstatł'ìdí	them-are-homely [204]
gimìsts'iní-la	them-to-someone-said-it-was [46, 47, 51]
gimìsts'inìsh	them-someone-calls [141]
gimìsts'inìshí	them-they-call [236]
gimitonaàdátł'í	them-among-we-all-walked [179]
gimits'àya	their-wife [207]

Tsuut'ina-English Glossary

gimits'ì	them-to [170]
gimíts'íyijíłí	them-ahead-of-someone(pl.)-is-singing [205]
gimiyinà	their-song [213]
gimóghá	them-for [213]
gimogháts'ìyáá	them-at-someone-walks [234]
gini	they-said [143, 145]; they-say [87]
ginìsh	they-say [203]; they-tell [234]
ginìshí	they-say [217]
ginitàsí	they-will-sleep [163]
gínóghá	uncle [131]
gítłóní	they-are-many [92]
giyídiskid-la	they-him-asked-it-was [290]
giyìs?inìlúsí	they-it-with-sew [64]
giyìsní-la	they-her-to-said-it-was [150]
giyìsnìshí	they-him-called [131]
giyízií	they-it-call [124]
giyogházós-gù-la	they-him-will-scare-in-order-to-it-was [288]
gizá	between [279]
gò	beside [163]
Goòjí	Blackfoot [1, 164, 271, ...]
Goòjí-ná	Blackfoot-persons [185]
Goòjí-tii	Blackfoot-real (= *Kainai*) [176]
Goòjí-tii-la	Blackfoot-real-it-was (= *Kainai*) [175]
gu?ì	them-ahead [48]; them-before [270]
guch'oódiyíní-la	them-he-refused [291]
gúdídìyis?ółi	something-holy-way-you-I-will-give [282]
gudinát	you-start-to-speak [190]
gudinìłó-la	they-live-many-it-was [92]
gúdinìsh	it-used-to-be [100, 102, 131, ...]; often [92]
gúdinìshí	often [64]
gugániizh-la	they-both-talked-it-was [142]
gugásáł	them-they-chase [217]
gugásáłí	them-they-chase [216]
gugha	there-at [30, 36, 36]; to-their-detriment [224]
gughàch'águsdày-la	to-their-detriment-they-won-it-was [174]
gughàdàgugistł'ásh	them-at-each-and-every-one-they-gift [220]
gughálàsì	there-beyond [30, 35]
gughanágiyilásh	them-at-to-all-give [224]
gugidìnátí	they-begin-to-talk [287]
gugìschúdí	them-they-grabbed [223]
gùja	good [196, 198, 245, ...]

145

Tsuut'ina-English Glossary

guk'ágínìtóshí	there-upon-they-find [226]
guk'anàgínò	there-upon-they-protect [231]
guk'anàginò?í	there-upon-they-protect [232]
guk'àsdátina	them-opposite-of [235]
guk'áyiskòdí	it-on-is-covered [261]
gukùwa	someone's-teepee [227]
gúlí-la	there-is-it-was [300]
gúlín-la	there-is-it-was [18, 22, 171]
gúlíní	there-is [213]
gulógha	around [206]; them-around [12]
gùlòt-gù	it-will-become-in-order-to [207]
guminánìsiìtid	there-to-again-we-will-persevere [150]
guminánìstid	there-to-I-will-persevere [158, 243]
guminánìstid-la	there-to-he-persevered-it-was [244]; there-to-she-persevered-it-was [159]
guminiitid	you-persevere [14]
gùnízí	there-he-called [123]
gúnóghá	someone-at [234]
gùs?óní	there-it-sits [86]
gùsdál-ná	them-advanced-to-fight-persons [173]
gùsdináa	in-a-hurry [47]
gùsdiyíní-la	them-he-told-it-was [36]
gùsdló-la	they-were-living-it-was [91]
gùsdlòtí	they-were-born [32]
gùsní-la	them-to-he-said-it-was [7, 8]; them-to-she-said-it-was [157, 160]
gustiyà	just-so [307]; just-then [9]; right-there [136]
gùstł'àsh-di	plains-place [171]
gústłi	it-must-be [223]
gùsts'inìshí	there-someone-it-calls [84]
gut'ónák'a	there-behind [125]
gutł'ìs	dirt [8, 18, 22]
gútłóo	there-many [41]
guts'i	there-from [82, 140, 191, ...]
guts'ìsdàłí	them-they-advance-upon [231]
guts'íto	someone's-body [224]
gútsìtł'áa	there-it-is-little [125]
guuniizh	stories [1]
guunijà	story [41, 42, 119]; stories [40, 167];
guwa	there-at [135, 198]
guxàkíjà	someone's-main-item [188]

Tsuut'ina-English Glossary

Guxàkújà-yiná	their-Chiefs-people [51]
guyasnijí	you-talked [126]
guyisnijí	story-I-told [116]
gúzòd	it-is-far [240]
gwàgidichiizh	them-at-they-poke [218]
gwàgidiyídál-la	all-over-they-all-walked-it-was [43]
gwàgudichijí	them-at-they-poke [219]
gwágùná-hí	like-it-becomes [135]
gwájàg-la	like-it-became-it-was [83, 85]
gwájàgí	like-it-became [28]
gwánáyá-hí	them-at-she-will-walk [163]
gwóghá	them-for [243]
í	on-the-other-hand [263, 268, 285, ...]
ì	before [163]
ichi	stick [163, 215]; sticks [259]; wood [136]
ìdà	if [88]; then [30, 109, 251]
idà	horn [55, 62]
idáagù	never-mind [148, 149, 308, ...]
idíní	he-himself [244]
ídìskàd-la	it-he-asked-it-was [12]
igídíní	they-themselves [145, 161, 162]
ígínádòłí	along-they-are-dancing [207]
igizìsyín-la	something-they-killed-it-was [238]
ígúdídíyisní-hí	something-I-will-gift [248]
ígúdíidìnis?ò	something-I-will-gift [257]
ìgùł, igùł	avoid [322]; do-not [302]
ìgùłí	even-so [18, 82, 318, ...]
ìgustiyà	all-of-a-sudden [66, 247, 279]
ígúzìts'iy	it-must-be-they-hear [88]
ii	the-one [65, 76, 229, ...]; the-ones [6, 173, 207, ...]; the-one-that-was [138, 270]
ik'àsì	good-way [188]
ikòs	rawhide-container [323]
ìlì	it-seemed [56, 204, 232]; it-seems [213, 216]; it-was-so [101]
ìlií	it-is-so [32]
inoó	mother [138, 138]
ìsà	it-may-be [75]
isdóójàgí	he-tired-became [17]
isdúná	different-persons [154]

ìsgidinìsh-ná	themselves-they-call-persons [162]
isgiyá-yiná	bachelor-people [199]
isgiyaá, isgiyáá	young-man [247, 255]
ìsií	it-seemed [55]
ìsíla	him-with [253]; it-with [1, 54, 183, ...]
ìsina	it-must-have-been [17, 45]
ìsni	he-said [119, 119, 121, ...]; she-said [48, 106, 179]
ìsní-la	he-said-it-was [265, 268, 283, ...]; she-said-it-was [151, 152, 158, ...]
ìsnìsh	she-keeps-saying [219]; she-kept-saying [270]
ìsnìshí	she-keeps-saying [92]
ìst'á	next [34, 35, 36]
ístłí-ká	horse-the-ones [215]
isúh	grandmother [92, 119, 122, ...]; granny [167, 176, 219]
it'íní	it-he-owned-the-one [103]
it'iyi	then-precisely [196, 223, 235, ...]
it'oókúwá	girls [206]
it'oósítùwà	tea [133]
itł'íyaá	night [247]
ítłígíídàł-la	each-other-they-advanced-for-battle-it-was [105]
ítłigò	each-other-beside [183]
ítłinájùnáá	each-other's-relatives [180]
ítłìsgidiyíni	each-other-to-they-said [109]
its'óghá	bird [28, 31, 38]
itsàł-la	she-was-chopping-it-was [65]
itsiy-la	he-is-crying-it-was [56, 57, 62]
iyí	that [72, 74, 82, ...]; those [213, 271, 328, ...]
iyi	there [140]
iyi-ná	those-persons [89, 178]
iyí-yiná	those-people [209]
izoghádìzid-la	mad-they-became-it-was [104]
jìjá	berries [322]
jú	also [162, 199, 210, ...]
k'a	on [125, 215]; upon [189]
k'aagidiló-ná	off-of-they-take-persons [219]
k'aats'idiloó	off-of-someone-takes [218]
k'àgíjí-hí	finished-they-sing [214]

Tsuut'ina-English Glossary

k'àgunásh	finished-she-speaks [197]
k'àgunìt'aá	completely-finished [109]
k'águuniizh	completely-she-tells [191, 192]
k'anágudidzin-gù	it-is-complete-like [36]
k'àsì	that-way [38, 123, 263, ...]; the-way [124]
k'àsónà	along-that-way [107]; alongside [143]
k'àt'íná	man [103, 293, 302, ...]
k'àt'íní	man [74, 274, 278, ...]
k'àt'únághá	men [207]
k'àzìgù	gently-like [219]
k'izana?ò-hí	open-he-puts [287]
k'izanaastón-la	aside-it-is-open-it-was [206]
k'izanàloó	open-them-he-puts [288]
k'izanàníló-la	aside-down-he-placed-it-was [21]
k'izaninánílo	open-again-them-you-put [298]
k'izanináníló-la	open-again-he-put-them-it-was [299]
k'oo	just-now [116]; new [203]; recently [126]
kàdàłí	she-is-lying [193]
kágònà	claw [215]
kanádììts'id-la	in-view-again-it-fell-(rose)-it-was [5]
kanádìmín-la	in-view-again-he-swam-it-was [295]; in-view-again-it-swam-it-was [11]
kidà	in-it [322]
kòs	rawhide-bag [325]
kù	camp [92]; fire [163]
kúdàgugìstsid	in-each-and-every-one-they-shove [207]
kùk'a	fire-place [163]
kúnáyíyá-la	in-again-he-walked-it-was [98]
kúúgínidosh	in-they-dance [205]
kúúgínìdosh	in-they-dance [205]
kùwa	teepee [229, 237, 265, ...]; teepees [206]; camp [231, 231, 253]
kùwa-gutii	teepee-it-is-real [95, 98]
kúyitł'ó-la	in-he-went-it-was [95, 245]
kwák'àdiláshí	fire-on-he-puts [132]
lógha	around [161]; at-the-end [215]
mádi	him-without [157]
màdiwu-la	it-makes-a-rumbling-sound-it-was [276]
mádzásisnit	it-I-was-aware-of [139]
mágunishó	it-I-know [39, 122]
máguunijà	its-story [90]

mákó	him-for [152, 156, 286, ...]
más	knife [64]
màs-gù	circle-like [26]
matsína	famine [42]
màziibuw-la	it-makes-a-booming-noise-it-was [287]
mi?ì	it-before [121]
michà	its-tail [9]
Michà Dikòdí	Its-tail It-is-wide-the-one (*Beaver*) [9]
michó	his-guts [82]
mídíyìsisnìizh	it-holy-way-I-gave [269]
migò	him-beside [302]
miguunijà	his-story [131]; its-story [74]
mik'a	it-on [6]
mik'idà	above-him [304]
mikùk'a	his-fireplace [135]
mikùwa	his-teepee [300]
mílò	fingers [21]; his-hands [193, 196]
mílótł'ága	his-palm [18]; his-paws [22]
mimonitł'á	it-around-you-run [29]
minátù	his-tears [117]
minìst'iyà	its-power [313]
minòda	him-above [275]
mis	cliff [125]
mìsgàká	his-children [32]
mìsgúdis?oó	it-with-it-is-pointed-and-wrapped [264]
mìsíla	her-with [66]; him-with [2]; it-with [160, 261, 288]
mìsnàgudiyìgidzí	it-with-down-it-is-pinned [262]
mìsnàguts'iwá-hí	it-with-you-play-the-one [56]
misúwá	his-grandchild [30]
mit'ò-dá	it-in-different-things [325]
mitò	her-father [148]
mits'ì	him-to [4]
mits'íto	his-body [17]
mitùwà	its-bladder [77]
miyìk'a	him-upon [258]
miyinà	its-songs [324]
mízá	his-son [34, 35, 36, ...]
mízì	its-name [28]
mizò	his-mouth [287]
móghá	her-for [198]; him-for [12, 28]

Tsuut'ina-English Glossary

mogha	it-about [126]; it-of [116]
moghanáyast'ìsh	him-at-you-leave-alone [285]
móó	her-mother [148]; his-mother [53, 58, 147, ...]
naádínásgisí	around-it-he-pokes [136]
nááditósh-la	around-she-kept-looking-it-was [147]
naágust'iní	of-they-work [236]
naahóghá	us-for [236]
naání	us [143, 162]
náasgút'òshí	a-very-long-time-ago [129]
naàsts'ini	us-to-someone-is-saying [60]
náastsá	again-I-will-see [120]
nààtł'ó-di	she-is-born-then [191]
náátłigidiyìsdál	each-other-they-all-segregated [107]
náátłìsaàtsá-hí	again-each-other-we-will-see [109]
nááts'ídínìsgishí	around-someone-pokes [160]
náats'ìstł'iyìshí	lightning-it-flashes-the-one [288]
naats'itsá-ti	upright-they-put-place [226]
naátsá-hí	upright-you-are-putting-something-(a-Sun-Dance) [195]
nàdàdiyítł'úlí	upright-each-and-every-one-is-tall [170]
nádàgidiniich'íshí	each-and-every-one-they-all-sit-(marry) [183]
nádàsdlódí	you-quickly-grab [8]
nádàstà	go-over-and-it-you-take [284, 289]
nàdàts'íyinish	to-a-point-each-and-every-thing-is-put [198]
nàdàtsiyí	at-that-point-someone(pl.)-is-wailing [88]
nàdischish-gulà	upright-it-I-will-stick-in-the-ground-will [160]
nádìsjin-la	he-started-to-sing-again-it-was [26]
nàdìsk'ìsí	at-a-point-it-cracked [72]
nádìsts'í	again-it-I-will-hear [118]
nádíyá	home-you-will-go [250]
nágidìsdál-la	home-they-all-walked-it-was [253]
nàginídátł'í	arrived-they-all-came [281]
nàginíya	arrived-they-both-came [140]
nágiyìsnìsh-la	again-and-again-her-they-tell-it-was [155]
nàgiyitísh	they-put-it-sticklike-down [163]
nàgizà-ła	upon-they-hunt-it-was [237]
nàgugistásh	them-they-make [225]
nágúsdúwí	pictographs [125]
nágùsnìsh-la	again-and-again-them-to-he-says-it-was [289]
nàguzìsts'ón-la	noise-there-was-it-was [66]

naháa	our [328]
nahaádàguts'íshón	us-each-and-every-one-knows [166]
nájùnáá	relatives [199, 203, 208]
Nájùnáá Águsʔìsh-ná	Relatives Of-they-make-persons (*society*) [203]
Nájùnáá Ásʔìsh-ná	Relatives Of-they-make-persons (*society*) [199, 208]
nàk'us	cloud [275]
nàkàdìsdátł'í	down-they-were-descending [277]
nàkànaàdál	downwards-we-all-came [286]
nàmò-hí	he-goes-to-war-the-one [185]
nànìstł'ún-la	he-made-it-was [3]
nànit'òy-la	it-steals-food-it-was [94]
nànit'òyí-ká	it-steals-food-the-ones [93]
nàníyá	arrive-you-walk [293]
nàsítíní	about-you-dreamt [249]
nàst'ónágisdál-la	upwards-again-they-flew-it-was [292]
nástł'áshí	again-and-again-I-drive [161]
nàtł'òdághá	rabbit [301]
nàts'íná-hí	arrive-someone(pl.)-to-camp [227]
nàts'inídál	arrive-someone(pl.)-all-walked [252]
nàts'inist'ìsh	upright-they-put [213]
nàtsígínìsyiiz-la	at-a-point-in-fear-became-stranded-it-was [70]
nàtsíginíyìsh	down-towards-they-break [227]
nàtsígúgíníyìsh	down-towards-they-break [228]
nàyidichishí	upright-it-he-sticks-in-the-ground [136]
náyìsnìsh-la	again-and-again-him-to-she-says-it-was [61]
nàyiyíʔóní	down-it-he-took [321]
nàyíyìnínììzh-la	placed-him-he-put-it-was [245]
nàzid-la	he-is-standing-it-was [278, 294]
názìsyín-la	in-turn-he-killed-it-was [103]
nichòw	it-is-big [28]
nídò	you-sit [307]
nidósh	she-sits [189]
nihíní	us [127, 129]
nihínóghà	us-at [142]
nihits'ìsì	us-to [243]
nihitsìgìlì-hí	us-they-ask [181]
niits'łł	you-close-your-eyes [296]
ninàghá	bear [131]
Ninàghá Tsitł'á	Little Bear (*personal name: Willie Little Bear*) [131]

Tsuut'ina-English Glossary

ninághà	your-eyes [298]
ninániìlo?í	home-again-we-will-bring [243]
nináníyá-la	arrived-again-he-walked-it-was [254]
nináyishò?i	arrive-again-I-will [251]
níní	you [14, 241]
nini?ó-hí	you-he-will-fool [305]
ninòda	you-above [312]
nìsdisi	you-to-I-say [315]
nìsistsìd	you-I-helped [315]
nìstiní	ice [46, 55, 61, ...]
nìsts'ìł-la	he-closed-his-eyes-it-was [297]
nisúwá	your-grandchild [30]
nítà	you-sleep [242]
nitł'á	you-go [241]
nìtł'òdághá	rabbit [302]
nitł'úlí	it-is-long [163]
nitłóní	it-is-many-the-one [91]
nits'ì	you-to [251]
nìtsaálàg	off-she-took [65]
niyídò-hí	you-will-sit [302]
niyìnísíd	I-am-lonesome [153]
niyízid-la	he-state-of-became-it-was [19]
nizisya?í	you-he-will-kill [303, 306]
no?	no [289]
noghà	you-at [249, 258, 282, ...]; you-to [324]
nóghàgidàłí	across-they-will-all-walk [45]
nóghàgùsjó-di	across-it-(path)-goes-place [178]
nóghàsdàł	across-you-will-all-walk [47]
nóghàts'isdál-la	across-someone(pl.)-all-walked-it-was [49]
nóghàtsígídìyá-la	across-in-fear-they-both-went-it-was [54]
nóghàtsígiyis-la	across-in-fear-they-were-all-racing-it-was [52]
nosa	in-front-of [189]
núú	island [85]
núú-gù	island-like [86]
nuwà	over-there [144, 158, 162, ...]
nuwi	over-there [69, 201]
nuwit'iyi	over-there-precisely [125]
óghá	for [133]; it-for [243, 266]
oghàch'águgisdà-ła	to-their-detriment-them-they-win-it-was [173]

Tsuut'ina-English Glossary

oghasidó-la	her-at-he-is-sitting-it-was [301]
oghàts'igisdlòd-la	of-it-they-became-tired-it-was [106]
oò	yes [309]
sáátòn	me-with [187]
ságunashón-gù	me-about-you-both-will-know-in-order-to [160]
sákó	me-for [281]
sasdina	you-all-hurry [51, 60]
shaádàs?íní	cook-different-things [133]
sichák'à	my-ribs [263]
sidà	my-horns [266]
sídíyískidi	me-you-asked [314]
sido?í	he-is-sitting [134]
sidoó	she-is-sitting [192]
sidzaghà	my-ears [267]
sigizisya?í	me-they-will-kill [281]
sigò	me-beside [307]
sik'ánàst'òsí	me-off-you-all-cut [262]
sikùnà	my-fire [160]
siló-la	it-was-lying-it-was [96]
siloó	it-was-lying [97]
sinájùnáá	my-relatives [120]
síní	me [243]
sininà	my-spine [264]
sínóghá	me-at [119]
sisdo	I-am-sitting [308]
sistsìd	me-you-help [282]
sitł'ò	my-bum [265]
sits'ìsì	me-help [280, 280]
siwus	my-legs [260]
siyìsdlá	my-skin [261]
sizómiłà	my-shoulders [268]
sóghá	me-for [7, 8]
t'ágà	it-like [185]; like [84]
t'ò	into [241]; it-in [269]
t'ónánishó-hí	back-again-I-will-walk [152, 156]
t'ònilo	inside-you-put [323]
taágìnìsch'ulsh	apart-they-tear [224]
tách'águginiwuuzh	away-from-them-they-chase [230]
tách'ánágúgínìswùd-la	away-from-again-them-they-chased-it-was [174]
tadádishilshí	boil-up-different-things [133]

154

Tsuut'ina-English Glossary

tadàdìsts'ií	up-on-each-and-every-one-all-are-sitting [6]
tadàgidiniich'ísh	up-on-each-and-every-one-all-mount [215]
tàdàgistsón-la	each-and-every-one-died-it-was [71]
tàdàgit'òsh	all-up-each-and-every-one-they-cut [229]
tàdàgiyit'òsh	apart-each-and-every-one-it-they-cut [224]
tadìdàł	all-will-dance [203]
tadinish	he-puts-his-hand [189]
tagidìdìlsh	they-dance [210]
tàguyíssìl	it-is-warm [308]
tànàkàsí	boat [3]
tanámídìłòd-la	up-to-the-surface-again-he-floated-it-was [20]
tanásitsón	again-he-died [35]
tasi?óní	up-on-it-is-sitting [312]
tàsitsón-la	he-died-it-was [33]
tàsitsóní	he-died [36]
Tásk'òyí-tsii	Muskrat-the [13, 16, 25]
Tástłóní	Water-Monster [293, 295]
Tástłóní-tsií	Water-Monster-the [279, 300, 318, ...]
Tástłóní-tsií-la	Water-Monster-the-it-was [67]
tatł'ááts'ídí	part-way-it-falls [89]
tatł'áyìts'ídí	part-way-it-falls [88]
tats'ágáłí	him-someone-is-backpacking [54]
tatsidìt'ón-la	up-head-he-put-it-was [68]
taxàshigidìsnò-hí	they-start-to-dance [200]
taxàshigidìsnòsh	they-all-start-to-dance [212]
tayágáł-la	him-she-is-backpacking-it-was [53]
tayistíł-la	it-is-hovering-it-was [275]
tázák'a	middle [136, 160, 262, ...]
tidìsaàdátł'	path-place-we-all-walked-(met) [177]
tìgidìnó-gù	they-will-help-in-order-to [243]
tiya	very-much [100, 313, 313, ...]
tiyík'á, tíyík'á	too-much [28, 153, 204]; too-much-that-way [240]
tła?íi	right-away [232]
tłaádínìstín-la	soundly-he-fell-asleep-it-was [246]
tłàdá	some [1]
tłák'á?ììtishí	around-they-about-look-(animals) [4]
tłat'á	all [71, 198, 271, ...]
tłat'á-hí	all-of-it [253]; all-the-ones [191]; everything-that-is [192]
tłàyíst'à	right-then [231]
tłí	dogs [100]

Tsuut'ina-English Glossary

tłích'á	dog [94, 99, 116, ...]
tłích'á-ká	dog-the-ones [93, 185]
tłìdi	one-place [91, 92]
tłík'áʔììtishí	around-they-about-look-(animals) [6, 323]
tłik'í	one [42]
tłìk'í	one-of [143]
Tłíkúwúmò-hà	Dogs-That-Go-to-War [184]
to	within [216]
tógha	water-in [3, 68]
tógháyiits'id-ná	water-into-they-fell-persons [89]
tonaàdál	among-we-all-walked [164, 167]
Tósgùná	Black-Soldiers [222, 230, 235, ...]
ts'à	woven-sinew-container [304, 312]
ts'águgìsid-la	up-above-they-rode-it-was [172]
ts'águsid-la	on-top-above-them-rushed-it-was [170]
ts'ánáł-la	someone(pl.)-was-moving-camp-it-was [143, 144]
ts'ánánízid-la	up-again-he-awoke-it-was [25]
ts'áts'i	outer-edge [222]; outside-of [200, 201]
ts'áxáginiyìsdál-la	in-a-long-line-they-all-lined-up-it-was [107]
ts'áxáguyinát	straighten-out-your-speech [194, 195]
ts'áxáguyìnátí	straightens-out-her-speech [196]
ts'ì	to [20, 253]
ts'í	mosquitos [216]
Ts'í	Mosquitos (*society*) [211, 214, 217, ...]
ts'ídigà	west [115]
ts'idíschòwí	someone-treasured [100]
ts'idiyá	someone-will-walk [125]
ts'ìdoná-ká	children-the-ones [211, 215]
ts'ìdoó	boy [56, 146, 246, ...]
ts'ìká	woman [40, 188, 198, ...]
ts'ìkúwá	women [64, 203, 206]
ts'imiláa	it-is-thin [46, 61]
ts'inìsh	someone-says [214]
ts'ínìsk'a	earth [36, 109]; ground [8]
ts'it'óní	someone-is-wearing [223]
ts'ítłón	someone(pl.)-is-many [154]
ts'ítłóní	someone(pl.)-was-many [145]
ts'íyà	east [115, 179]
ts'iyinízini	someone-wishes [234]
ts'ogha	outside [132]

Tsuut'ina-English Glossary

tsá	mountain [140]; mountains [143]
Tsá Diná	Mountain People [140]
tsàgùst'óóz-la	open-he-cut-it-was [76]
tsasdina	are-alone [186]
tsìdàyìsdlìd-ná	each-and-every-one-he-asked-for-help-persons [253]
tsídidìstłod-la	it-started-to-blizzard-it-was [239]
tsídigùł	without-refrain [63]
tsídistł'ó-la	in-fear-he-ran-it-was [80]
tsígídiyish	in-fear-they-run [203]
tsìgùsdlìt	I-someone-will-ask-for-help [243]
tsììlìsh	she-asks-for-help [188]
tsìk'ástł'á-hí	all-over-I-travel [161]
tsíł	axe [64]
tsìnaat'iyí	headdress [187]
Tsìnaat'iyí Ch'àdít'aá	Holy Headdress [187]
tsináyit'à-hí	head-on-she-will-put [188]
tsináyit'à-ná	head-on-she-puts-persons [188]
Tsìsdaatł'uwí	Sun-Dance [198]
tsìsdámilshà	flaps [266, 267]
tsìsdlìd-la	he-asked-for-help-it-was [6]
tsisgò	river [179]
tsitł'á	little [53, 215, 275, ...]
tsíyitł'áł-la	fear-he-was-running-it-was [81]
tsíyitł'ó-la	fear-he-ran-it-was [279]
tsíyiyis-ná	in-fear-they-were-all-racing-persons [69]
Tsúut'ínà	Tsuut'ina [164, 173, 174, ...]
Tsúut'ínà-yiná	Tsuut'ina-people [112]
tú	water [46, 89, 133, ...]
tú-chu	water-big-(lake) [45]
túdákà	shore [294]
tútákà	shore [293]
Túwúł	Beaver-Bundle [49, 271, 274, ...]
Túwúłà	Beaver-Bundle [328]
túyìk'ásmí	water-under-you-all-dive [7]
túyìk'áts'imí-kù	water-under-someone-will-swim-in-order-to [12]
túyìk'áyímín-la	water-under-he-swam-it-was [10, 16]
Tú Yìk'a Nóghàgùsjó-di	Blackfoot Crossing (*place name*) [178]
ut'i	and-then [294]
ùwà	and [41, 133, 163, ...]; now [143, 158, 310, ...]

ùwána	come-on [150]
ùwat'iyi	and-then [49, 110, 218, ...]
wúnigà	south [115, 144]
wúnigà-yiná	south-people [112]
wúnìgaák'àsì	south-that-way [168]
wúnìt'ósaák'aà	north-that-way [72]
wúnit'ósì	north [158, 159, 162, ...]
xá!	wait! (*when correcting a mistake in speech*) [184]
xa?í	that-is-how [73]; this-is-how [114]; this-is-how-it-is [39]
xaàsní-la	this-is-how-him-to-he-said-it-was [240, 293]; this-is-how-him-to-she-said-it-was [302]; this-is-how-them-to-he-said-it-was [284]
xaatàs	out-will-swarm [214]
xaátɬìsginí-la	this-is-how-each-other-to-they-said-it-was [108]
xadágudidáziłí	spring [251]
xadágudìzid-la	spring-was-coming-it-was [44]
xádàyìsgiiz-la	off-each-and-every-one-he-scraped-it-was [23]
xagimìsts'iní-la	this-is-how-them-to-someone-said-it-was [46]
xagini	this-is-how-they-said [143]
xagiyìsní-la	this-is-how-her-to-they-said-it-was [148]
xagùjàgí	this-is-how-it-became [111]; this-is-how-it-happened [87]
xagùsní-la	this-is-how-them-to-he-said-it-was [7]
xagùt'a	this-is-how-it-is [233]
Xàkújághá	Chiefs [47]
xàlíkúwá	old-people [140, 143]
Xàlítsa	Old-Man [2, 36]
Xàlítsa-tsii, Xàlítsa-tsií	Old-Man-the [20, 23, 24]
xanaàsni	this-is-how-us-to-he-said-it-was [118]
xanáguditɬiizh-la	out-again-and-again-he-jumped-it-was [319]
xanáná-hí	this-is-how-again-they-do [229]
xaní-tii	buffalo-real [82, 247, 258, ...]
Xaní-tii Dàtùwà	Buffalo Lake (*place name*) [74, 84, 88]
xàníɬ-la	out-it-is-pouring-it-was [77]
xastóghà	bag [76]
xat'áa	just-as-it-is [276, 287, 288]; just-like [228]
xat'áazá	however [125, 160, 250]

Tsuut'ina-English Glossary

xats'inìsh	this-is-how-someone-says [202]
xàyi?ó-la	out-it-protruded-it-was [55]
xàyi?oó	out-it-is-protruding [65]
xayìsni	this-is-how-him-to-he-said-it-was [322]
xayìsní-la	this-is-how-him-to-he-said-it-was [296]; this-is-how-him-to-it-said-it-was [247]
xìł	dizzy [19]; early-evening [135]
xin	song [326]
yagha	under [268]
yágúshóní	it-she-knows [191]
yákó	him-for [147]; it-for [56]
yich'ò	him-in-avoidance [316]; it-in-avoidance [80, 81]
yichóoníló-la	its-stomach-out-he-it-took-it-was [75]
yídídínisní-hí	it-I-will-gift [249]; it-in-a-holy-way-I-will-hand [258]
yídíníníìzh-la	it-he-gifted-it-was [38]
yídínínìjí	it-he-gifted [37]
yidùwà	it-will-become-nothing [322]
yiínizinì	it-you-are-wishing-for [310, 314]
yìk'a	under [85, 178, 300, ...]; upon [46]
yik'anáguunijí	completely-again-and-again-story-she-tells [122]
yinishó-hí	him-will-raise [154, 155]
yíníshùl-la	him-he-blew-on-it-was [24]
yinisin	it-I-want [317]
yinisiní	I-thought [118, 120, 121]
yínóghánìsh-la	him-at-he-tells-it-was [325]
yíshùłí	it-he-is-blowing-as [26]
yìsíla	it-with [136]
yìsni	him-to-he-said [261]
yìsní-la	him-to-he-said-it-was [255, 280, 298, ...]; him-to-she-said-it-was [304, 305, 306, ...]
yìsnìsh	her-he-tells [194, 195]; to-her-he-says [190]
yitł'áłí	it-is-running [28, 38]
yits'ì	him-to [254, 295, 319]
yits'iłí	it-will-be-going-in-a-holy-way [48]
yitsì	her-head [189]
yitùwà	its-bladder [76]
yiwus	his-legs [279]
yiyinìzìtí	he-thought [56]

yizisya?í	him-he-will-kill [318, 319]
yoghà	him-to [37, 38]
yóghá	him-for [63, 326]
yoghàch'ágùsdà-ła	to-his-detriment-he-will-win-it-was [318]
yoghàch'ágùsdày-la	to-his-detriment-he-won-it-was [320]
yoghàyìní?ó	him-at-it-he-gave [321]
yoghàyinó-ná	it-at-were-caring-for-persons [49]
zá	only [30, 41, 109, ...]
zida	before [245]; before-that [188]
zìsyín-la	he-killed-it-was [74, 99, 274]
zochí	poles [266, 268, 268, ...]
zònà	through [55, 68]

Books in the First Nations Language Readers series:

wawiyatācimowinisa / ᐊᐧᐃᐧᔭᑖᒋᒧᐃᐧᓂᐢ / Funny Little Stories
*narrated by Cree-speaking students, instructors, and Elders;
edited by Arok Wolvengrey*

Nēnapohš āhtahsōkēwinan / ᓀᓇᐳᐦᐡ ᐋᐦᑕᐦᓲᑫᐃᐧᓇᐣ /
Nēnapohš Legends
*narrated by Saulteaux Elders;
transcribed, translated and edited by Margaret Cote*

Ákaitsinikssiistsi / Blackfoot Stories of Old
written, translated, and edited by Ikkináínihki *Lena Heavy Shields
Russell and* Piitáákii *Inge Genee*

nīhithaw ācimowina / ᓃᐦᐃᖬᐤ ᐋᒋᒧᐃᐧᓇ / Woods Cree Stories
written and translated by Solomon Ratt

Nilh Izá Sptákwlhkalh / niɬ ʔizá sptákʷɬkaɬ /
These Are Our Legends
*narrated by Lillooet Elders;
transcribed and translated by Jan van Eijk*

ʔɔʔɔɔɔniiih wɔɔchʔɔɔɔnɔh / Aaniiih / Gros Ventre Stories
*Told by Aaniiih / Gros Ventre Elders and/or retold by Terry Brockie
Edited and Translated by Terry Brockie and Andrew Cowell*

Châhkâpâs / ᒐᐦᑲᐹᐢ / A Naskapi Legend
*by John Peastitute; edited by Marguerite MacKenzie;
translated by Julie Brittain & Silas Nabinicaboo; illustrated by
Elizabeth Jancewicz; and with contributions by Bill Jancewicz*

Isúh Áníi: Dátłʼìshí Tsʼìká áa Guunijà /
As Grandmother Said: The Narratives of Bessie Meguinis
*As Narrated by Dátłʼìshí Tsʼìká Bessie Meguinis and Nìnàghá
Tsitłʼá Willie Little Bear, Retold by Ditʼóní Didlíshí Bruce Starlight,
Transcribed, translated, and edited by Ditʼóní Didlíshí
Bruce Starlight and Christopher Cox*